**AMOR DI ROMA**

Roma nella letteratura italiana d

Stefania Deon
Paola Francini
Annalisa Talamo

# amor di roma

## Roma nella letteratura italiana del Novecento

testi con attività di comprensione
livello intermedio - avanzato

**Bonacci** editore

**Bonacci editore** srl
Via Paolo Mercuri, 8
00193 ROMA (Italia)
tel:(++39) 06.68.30.00.04
fax:(++39) 06.68.80.63.82
e-mail: info@bonacci.it
http://www.bonacci.it

Printed in Italy
© Bonacci editore, Roma 2001
ISBN 88-7573-371-6

# am**or**di roma

## Indice

# amor di roma

*Amor di Roma* è nato dalla nostra esperienza di insegnamento dell'italiano come L2 nei corsi organizzati dall'Università "La Sapienza" di Roma per gli studenti stranieri partecipanti ai programmi di scambio dell'Unione Europea.

Durante le nostre lezioni abbiamo spesso notato negli stranieri che si avvicinavano all'italiano la curiosità di conoscere la storia e le tradizioni del nostro paese.

Naturalmente Roma è una città dai cento volti e dal passato millenario, e decidere di parlarne, all'inizio, ci era parso quasi irriverente.

Abbiamo cercato, quindi, di affrontare la città utilizzando lo sguardo di alcuni intellettuali che l'hanno amata e, talvolta, subíta.

Attraverso le loro opere, diverse per epoca e per struttura, abbiamo tentato di formare un "coro" che lasciasse vedere la città e permettesse di ascoltarne la "voce". L'immagine complessiva che ne risulta è, a nostro parere, il suo aspetto più autentico, anche se dissonante. Come tutti sappiamo, infatti, ogni città è molto più di quanto appaia dai monumenti che l'hanno resa famosa.

Durante la ricerca dei brani siamo state costrette necessariamente a compiere delle scelte, per ovvii motivi di spazio, preferendo quelle opere che ci sono parse maggiormente significative.

Anche se il volume si rivolge a discenti di italiano come L2 con una buona competenza linguistica, le attività proposte sono molteplici e diversificate; ogni lettore potrà così ritagliarsi al loro interno il percorso che ritiene più adatto alle proprie capacità ed ai propri interessi.

I testi proposti, tratti da opere di autori italiani del '900, sono divisi in tre sezioni (*Luce, colore, rumore; La città difficile; La città sullo sfondo*). All'interno di questa suddivisione è stato adottato un ordine cronologico inverso, iniziando dai testi più recenti.

Le attività sui testi si articolano in due sezioni:

**Dentro al testo**: esercizi di comprensione (vero o falso, scelta multipla, domande aperte), sul lessico e sulla coesione del testo.

**Fuori dal testo**: esercizi di ampliamento lessicale e di manipolazione delle strutture morfo-sintattiche, che prendono comunque spunto da elementi presenti nel testo.

Alla fine di ogni gruppo di testi è stata inserita una breve sezione di esercizi ed attività riassuntive (**Fai il punto e vai avanti**).

Conclude il volume una sezione di attività di produzione scritta libera o semi-guidata (**Per scrivere**) che prendono spunto dai brani. Si tratta di descrizioni, riassunti e rielaborazione dei testi.

Tranne le attività dell'ultima sezione (**Per scrivere**), tutti gli esercizi hanno la soluzione per rendere possibile l'autoverifica.

Per gli esercizi in cui è possibile più di una soluzione (domande a risposta aperta, ecc.) ne è comunque stata suggerita una.

Ogni brano è preceduto da una breve introduzione sull'opera da cui è tratto.

Tra un brano e l'altro abbiamo inserito alcune curiosità di costume, notizie sui monumenti di Roma e giochi vari, come intermezzo piacevole e rilassante alla lettura. Proponiamo, inoltre, anche alcuni itinerari o percorsi per stimolare e guidare lo studente alla scoperta di alcuni dei luoghi citati nei testi.

Indici e soluzioni degli esercizi sono stati raccolti in fondo al libro, insieme a brevi biografie degli autori.

Il volume è corredato, inoltre, di una cartina del centro e di altre zone di Roma per permettere al lettore di individuare il luogo in cui si svolge l'azione o di cui si parla nei vari testi (**Voi siete qui!**).

*Amor di Roma* può essere utilizzato sia per l'apprendimento autonomo, sia in classe, con l'ausilio dell'insegnante e la possibilità di confrontarsi con altri studenti.

Pur rivolgendosi principalmente a discenti di italiano come L2, *Amor di Roma* può essere uno stimolo anche per studenti italiani e per turisti che desiderino "giocare" con la lingua e conoscere meglio Roma.

Desideriamo rivolgere un sentito ringraziamento alla prof.ssa Virginia Verrienti per il costante sostegno e incoraggiamento e alla prof.ssa Serena Ambroso, per gli utili consigli e suggerimenti che hanno contribuito a migliorare il nostro lavoro.

*Le autrici*

*Amor di Roma* è frutto, nel complesso, della collaborazione delle tre autrici. Tuttavia, Stefania Deon ha realizzato la sezione *Luce, colore, rumore*; Paola Francini la sezione *La città difficile*, tranne le attività e gli esercizi sugli ultimi due testi (E. Flaiano, *Diario degli errori* e L. Pirandello, *Il fu Mattia Pascal*) realizzati da Annalisa Talamo insieme alla sezione *La città sulla sfondo*. Per quanto riguarda le attività di produzione scritta in fondo al volume (Per scrivere), ogni autrice ha ideato quelle relative alla sezione da lei curata.

# luce colore rumore

## Passerò per Piazza di Spagna

Sarà un cielo chiaro.
S'apriranno le strade
sul colle di pini e di pietra.
Il tumulto delle strade
non muterà quell'aria ferma.
I fiori spruzzati
di colori alle fontane
occhieggeranno come donne
divertite. Le scale
le terrazze le rondini
canteranno nel sole.
S'aprirà quella strada,
le pietre canteranno,
il cuore batterà sussultando
come l'acqua nelle fontane -
sarà questa la voce
che salirà le tue scale.
Le finestre sapranno
l'odore della pietra e dell'aria
mattutina. S'aprirà una porta.
Il tumulto delle strade
sarà il tumulto del cuore
nella luce smarrita.

Sarai tu - ferma e chiara.

*Cesare Pavese*
da "Verrà la morte e avrà i tuoi occhi"

**Alessandro Baricco**

# La Cappella Sistina, ascoltando TomWaits

*Il sottotitolo dell'opera da cui è tratto il brano (Barnum) è "Cronache dal Grande Show".
Barnum raccoglie articoli e recensioni che l'autore ha scritto per una rubrica del quotidiano
"La Stampa".*

1    La Cappella Sistina, prima di vederla, la senti. Tipo caramella balsamica: la senti
nel naso e nelle orecchie.[1]
Ci arrivi da un cunicolo che gira e sale e scende, un cunicolo stretto e basso, con le
pareti color ospedale. Tutti in fila, strascicando i piedi. Non ci sono quasi finestre,
5   c'è poca aria. Inesorabile odore di umanità, lascito generoso di centinaia di ascelle
e calzini internazionali in pio pellegrinaggio o colto vagabondare. La Cappella Sistina
prima di vederla, la senti: odore di palestra, di classe del liceo alla quinta ora, di
pullman d'estate. Non che uno si aspetti cori di arcangeli, all'ingresso, ma ti ci devono
proprio fare entrare da una specie di scarpiera a forma di corridoio?
10   Quando il naso si abitua, scattano le orecchie. Entri da una porticina da nulla, e
prima di vedere alcunché, senti il boato uniforme e continuo di centinaia di persone
stipate e sgomitanti che urlano a bassa voce. L'acustica della Cappella restituisce un
biblico e febbricitante frastuono. Strana impressione. Non ho grandi esperienze nel
settore ma ti vengono subito in mente quei posti tipo lager, o stadio cileno, quelle
15   cose lì, dove una fetta di umanità fa l'anticamera per qualche odioso orrore. Quando
d'improvviso si accendono dei lugubri altoparlanti e una voce grida "Attenzione!"
quello che ti aspetti è che poi dica: "Le donne si portino sulla sinistra, gli uomini
sulla destra", cose così. Per fortuna, più mitemente, dice di far silenzio e di non
scattare fotografie. Il frastuono cala immediatamente di qualche decibel. Sgomitando
20   mi guadagno un metro quadrato vagamente libero. Dato che contro quel casino
bisogna pur fare qualcosa mi infilo le cuffiette e attacco il walkman. Baglioni. No.
Annie Lennox. No. Paolo Conte. No. Cerco Bruckner, il mite organista che scriveva
musica per Dio: dimenticato. Non rimane che Tom Waits. Vada per Tom Waits.
Alzo il volume. Alzo gli occhi.
25   L'hanno risciacquata, la Sistina. Ci hanno restituito il technicolor. Hanno tolto

---

1   la senti nel naso e nelle orecchie: *allusione ad una nota pubblicità televisiva, in cui si diceva che la caramella
balsamica pubblicizzata si sentiva "nella gola e anche nel naso".*

qualche pudica braghetta e pulito le crepe. Sembra nuova di pacca. Il Giudizio Finale me lo ricordavo ingoiato da una fuliggine nerastra tipo polmone di fumatore. Ci vedevi poco, in tutto quel nero, e forse il fascino stava anche lì: adesso va di mezzetinte che è un piacere, fa un po' Laura Ashley, ma almeno vedi, e scopri un
30 sacco di cose, ed è come quando al cinema metti gli occhiali. La parte che a me è sempre piaciuta di più è quella a mezza altezza, dove i corpi salvati e risorti salgono al cielo e quelli condannati vengono ricacciati giù, e tutti galleggiano magicamente nell'aria proprio come gli astronauti della Nasa, quando li facevano vedere alla tivù, in quelle navicelle senza forza di gravità, ce n'era sempre uno che faceva lo scemo
35 e lasciava andare il panino, e il panino cominciava a svolacchiare in giro, fino a che qualcuno lo riacciuffava, e tutti ridevano, e doveva essere un modo per dimenticarsi che stavano come granelli di sabbia spediti a ronzare nell'infinito, soli come cani. Dev'essere colpa di Tom Waits: uno dovrebbe pensare altre cose, messo lì a tu per tu con Michelangelo, e con il Giudizio Finale.
40 Ho abbassato Tom Waits, e ho pensato altre cose. Ho pensato quanto micidiale è quella Cappella, a ben pensarci, e senza farsi troppo sviare dalle tinte pastello. Un monumento ossessivo a un totemico e rovinoso incubo: il peccato. Non si esce innocenti, da lì. Centinaia di metri quadrati di immagini ti martellano come irresistibili spot rifilandoti in offerta speciale la più subdola delle merci: il complesso di
45 colpa. Svicoli dal Giudizio Finale e finisci da Adamo ed Eva, la mela, il serpente, il castigo. Cerchi rifugio un po' più in là e caschi nel Diluvio Universale, altro castigo, spettacolare, una pulizia etnica in grande stile. Perfino quel gesto meraviglioso, Dio e l'uomo, le due dita che si sfiorano, icona impareggiabile, stampata lassù sul soffitto, e per sempre in tutti gli occhi cui è accaduto di vederla, perfino lei ha qualcosa di
50 inquietante, sembra già un castigo anche quello, un castigo preventivo, c'è qualcosa in quel Dio che ci impedisce di vederlo semplicemente buono e padre: ha qualcosa dell'animale in agguato, ha dentro un'inquietudine che lo scompiglia. Non è un Dio felice, quello. È un meccanismo micidiale, a ben pensarci: stai lì con la faccia all'insù, a farti stregare da tutta quella bellezza, oltretutto lavata col Dixan,[2] e intanto, senza
55 che te ne accorgi, ti si sta stampando in qualche recesso dell'anima un invisibile strato di senso di colpa, che si sovrappone a quelli che già ti hanno spalmato in anni di cosiddetta educazione, il tutto a edificare, millimetro per millimetro, la catastrofe di una coscienza perennemente in debito, e cronicamente colpevole. Forse è solo perché non c'era il sole, e dai finestroni entrava il grigio di una giornata
60 da schifo. Forse è per colpa di Tom Waits. Comunque dalla Sistina sono fuggito con due semplici idee in testa. Prima: la prossima volta che ci vado ci vado alle otto del mattino, perché quella folla è un orrore. Seconda: la prossima volta che nasco ateo, lo faccio in un paese dove quelli che credono in Dio credono in un Dio felice.

---

2   Dixan: *nota marca di detersivo per lavare la biancheria.*

esercizi

- **Voi siete qui!**

**Cerca sulla pianta di Roma i Musei Vaticani e la Cappella Sistina.**

- **Dentro al testo.**

1. **Dopo aver letto il brano, indica se le seguenti affermazioni sono vere (V) oppure false (F).**

a) Nel corridoio che porta alla Cappella Sistina si sente il cattivo odore che emana dai numerosi visitatori.  V ☐  F ☐

b) L'autore visita la Cappella Sistina ascoltando musica.  V ☐  F ☐

c) La Cappella è stata restaurata e ora i colori sono più brillanti.  V ☐  F ☐

d) L'autore mette gli occhiali per vedere bene gli affreschi della Cappella Sistina.  V ☐  F ☐

e) I visitatori della Cappella Sistina mangiano panini durante la visita.  V ☐  F ☐

f) Secondo l'autore, gli affreschi sono un monumento al peccato.  V ☐  F ☐

g) Secondo l'autore, il Dio raffigurato è un Dio felice.  V ☐  F ☐

2. **Riordina le azioni che compie l'autore nel testo.**

Alessandro Baricco...

a. percorre il cunicolo che porta alla Cappella Sistina.

b. osserva gli affreschi.

c. esce dalla Cappella quasi come se fuggisse.

d. entra nella Cappella.

e. alza gli occhi.

f. si infila le cuffiette del walkman ed ascolta la musica di Tom Waits per dimenticare il frastuono delle persone che lo circondano.

*sequenza* ......... ......... ......... ......... ......... .........

**3.** **Il brano di Baricco che hai appena letto è formato da sette capoversi.**
**Quelli che seguono sono dei possibili titoli, dati in ordine sparso.**
**Collega ogni titolo al capoverso corrispondente.**

1.  Verso l'uscita: due semplici idee in testa.

2.  Riflessioni di Baricco sul Giudizio Finale.

3.  Ingresso nella Cappella: il rumore.

4.  Piccola introduzione.

5.  Gli altri episodi biblici ed il senso di colpa.

6.  Il cunicolo che porta alla Cappella: gli odori.

7.  Contro il rumore la musica di Tom Waits.

*La sequenza esatta dei titoli è* ......... ......... ......... ......... ......... ......... .........

**4.1** **L'autore dice che prima di vedere la Cappella Sistina,**
**la senti nel naso e nelle orecchie.**

a.  Cosa si sente "nel naso"?
.................................................................................................................
.................................................................................................................

b.  Cosa si sente "nelle orecchie"?
.................................................................................................................
.................................................................................................................

**4.2** **Quali sono gli episodi biblici citati nel brano?**
.................................................................................................................
.................................................................................................................

**5.** **Nelle espressioni che seguono, a quali elementi del testo**
**si riferiscono le parti in neretto?**

1.  **la** senti                                                    (r. 1)
.................................................................................................................

2.  **ci** arrivi                                                   (r. 3)
.................................................................................................................

15

3.   non **ci** sono (...) finestre                                    (r. 4)

...................................................................................................................

4.   prima di veder**la**                                             (r. 7)

...................................................................................................................

5.   ti **ci** devono (...) far entrare                             (r. 8)

...................................................................................................................

6.   me **lo** ricordavo                                             (r. 27)

...................................................................................................................

7.   **quella**                                                       (r. 31)

...................................................................................................................

8.   **li** facevano vedere                                         (r. 33)

...................................................................................................................

9.   **uno** che faceva lo scemo                                    (r. 34)

...................................................................................................................

10.  **lo** riacciuffava                                            (r. 36)

...................................................................................................................

11.  perfino **lei**                                                 (r. 49)

...................................................................................................................

12.  veder**lo**                                                     (r. 51)

...................................................................................................................

13.  si sovrappone a **quelli**                                     (r. 56)

...................................................................................................................

14.  **ci** vado                                                     (r. 61)

...................................................................................................................

6.   **Trova nel testo le immagini metaforiche abbinando le espressioni della colonna A con quelle della colonna B.**

| A | B |
|---|---|
| affresco restaurato | granelli di sabbia |
| lager, stadio cileno | astronauti nelle navicelle spaziali |
| colori tipici di Laura Ashley | lavato con il Dixan |
| corpi dei dannati e dei salvati | folla dei visitatori della Cappella Sistina |
| astronauti nello spazio | mezzetinte, tinte pastello |
| pulizia etnica | Diluvio Universale |

**7.** **Associa ogni sostantivo del gruppo 1 con uno del gruppo 2.**
   **(Le associazioni possono essere di vario tipo: linguistico, logico, culturale)**

| 1. | 2. |
|---|---|
| walkman | serpente |
| cunicolo | castigo |
| boato | navicella spaziale |
| colpa | cuffiette |
| astronauta | frastuono |
| mela | corridoio |

• **Fuori dal testo.**

**1.** **L'altoparlante della Cappella Sistina esorta i visitatori a fare silenzio
   e a non scattare fotografie. Scrivi i possibili annunci fatti dall'altoparlante.**

| Fare silenzio | Non scattare fotografie |
|---|---|
| ............................................ | ............................................ |
| ............................................ | ............................................ |
| ............................................ | ............................................ |

**2.** **Trasforma le frasi che seguono alla forma impersonale con il "si",
   come nell'esempio:**

   **Es.:**   La Cappella Sistina *la senti* nel naso e nelle orecchie.
            La Cappella Sistina *si sente* nel naso e nelle orecchie.

1.   *Arrivi* alla Cappella Sistina da un cunicolo stretto e basso.
     ....................................................................

2.   *Entri* da una porticina da nulla.
     ....................................................................

3.   *Senti* il boato uniforme e continuo di centinaia di persone.
     ....................................................................

4.   *Ci vedevi* poco in tutto quel nero.
     ....................................................................

5.   Quello che *ti aspetti* è che l'altoparlante dica...
     ....................................................................

17

6    Contro quel casino *devi* pur fare qualcosa.

    ..............................................................................................

7.   *Scopri* un sacco di cose; è come quando al cinema *ti metti* gli occhiali.

    ..............................................................................................

**3.**   **"La Cappella Sistina la senti nel naso e nelle orecchie" (rr. 1-2).**
    **Trasforma le frasi che seguono come nell'esempio tratto dal testo. Nelle frasi con il**
    ***passato prossimo* fai attenzione all'accordo del *participio passato* con il pronome**
    **complemento oggetto.**

1.   Ho fatto l'esame ieri.
    L'esame ...............................................................................

2.   Devi mangiare tutta la minestra.
    La minestra ...........................................................................

3.   Preparo la valigia adesso.
    ..............................................................................................

4.   Devo ancora fare i compiti.
    ..............................................................................................

5.   Ho già imparato le regole.
    ..............................................................................................

6.   Avete già visto quel film?
    ..............................................................................................

7.   Conosciamo già il problema.
    ..............................................................................................

8.   Non ho ancora visto il direttore.
    ..............................................................................................

9.   Hai inserito i dati nel computer?
    ..............................................................................................

10.   Ho già compilato le schede.
    ..............................................................................................

11.   Ho visto i miei amici ieri sera.
    ..............................................................................................

12.   Non ho ancora conosciuto la tua ragazza.
    ..............................................................................................

# LA BASILICA DI S. PIETRO

**Ricostruisci la storia della Basilica di San Pietro.**

Originariamente il luogo dove ora si trova la Basilica era insalubre e paludoso. Divenne un luogo importante per la cristianità dopo il martirio di …

1. 313 d. C. che l'Imperatore Costantino vi fece costruire una basilica.
   Quando, il giorno di Natale dell'800, il Papa Leone III incoronò imperatore

2. crollare, così il Papa Giulio II affidò al Bramante il progetto di una nuova chiesa ed i lavori

3. Carlo Magno, lo fece qui, accanto alla tomba di San Pietro. Dal 1377 la Basilica divenne sede ufficiale del papato; ma nel 1500, dopo più di 1000 anni dalla sua costruzione, rischiava ormai di

4. iniziarono nel 1506. Alla morte del Bramante intervenne Raffaello e, nel 1546, la direzione dei lavori fu affidata

5. San Pietro il cui corpo fu sepolto in questa zona, ma fu solo dopo il

6. a Michelangelo. In seguito, dopo alcuni interventi del Maderno, il lavoro passò nelle mani del Bernini.

*La sequenza esatta è* ……… ……… ……… ……… ……… ………

# LA CAPPELLA SISTINA

**Ricostruisci la storia della Cappella Sistina.**

Fu il Papa Giulio II a dare l'incarico di affrescare la Cappella Sistina a Michelangelo…

1. degli affreschi sono la creazione ed il peccato dell'uomo mentre

2. che fu eseguito da Michelangelo tra il 1536 ed il 1541.

3. il quale decorò circa 800 mq della volta dal maggio 1508 all'ottobre 1512.
   I temi principali

4. nelle lunette sono raffigurati gli antenati di Cristo. Uno degli affreschi più famosi rappresenta il Giudizio Universale

5. ed il risultato è stato fonte di dibattiti e di critiche.

6. La Cappella è stata restaurata recentemente

*La sequenza esatta è* ……… ……… ……… ……… ……… ………

Enzo Biagi

# Roma

*Enzo Biagi con "I come Italiani" vuole offrirci una guida pratica, articolata in più di 100 voci ordinate alfabeticamente, che ci aiuti a capire e ad apprezzare l'Italia. Il brano che segue è quanto è riportato sotto la voce "Roma".*

1    Qualcuno ha detto: "Piazza di Spagna è la più capricciosa delle piazze romane". Certamente è una delle più raccontate; Gabriele d'Annunzio la scopre quando arriva a Roma per la prima volta: "Tutta al sole, come un rosaio / la gran piazza aulisce in fiore". Inventa per Andrea Sperelli, l'eroe del suo romanzo *Il piacere*, una abitazione

5    da queste parti. A due passi, in via delle Carrozze, stava Giacomo Leopardi: ma la sua favorita, come scrive alla sorella Paolina, è piazza del Popolo. A destra della scalinata, 137 gradini che portano a Trinità dei Monti, soggiornava Shelley, il grande poeta inglese, e c'è ancora la stanzetta che alloggiò John Keats, che amava passeggiare al Pincio.

10    Ogni palazzo e ogni strada qui attorno, ha un riferimento con l'arte o con la letteratura. Alfieri abitò alla locanda del Sartore, Casanova fu segretario all'ambasciata spagnola, Liszt scendeva all'albergo Alibert e alla trattoria della Barcaccia, in via Condotti, prendevano i pasti studiosi come Winckelmann, il grande archeologo e critico d'arte tedesco. C'era il Caffè degli Inglesi, molto frequentato dagli stranieri,

15    e c'è sempre la sala da tè Babington, riservata, tranquilla, dove tutti parlano e nessuno grida.
La scalinata fu ideata dal cardinal Mazzarino, e costruita con soldi francesi, e la piazza prese il nome dagli spagnoli, che avevano nella zona la loro rappresentanza diplomatica presso il Vaticano.

20    C'è chi la considera una delle più belle piazze del mondo: di sicuro, lo scenario è magnifico. Qui sboccano alcune strade classiche: come l'aristocratica via Condotti, fiancheggiata da palazzetti e negozi eleganti, o via del Babuino. E qui arrivano fatalmente i viaggiatori stranieri: richiamati anche dai trionfi di azalee a maggio, o dall'infiorata che l'8 dicembre onora la colonna dell'Immacolata Concezione.

25    Nell'Ottocento, sui pianerottoli della scalinata popolani e ciociare[1] ballavano per il divertimento dei forestieri: e le belle ragazze di Anticoli Corrado, o di Olevano,[2] che si offrivano come modelle ai pittori, cercavano di appioppare ai passanti mazzolini

---

1    ciociare: *ragazze che provengono dalla Ciociaria, zona di campagna vicina a Frosinone (Lazio).*
2    Anticoli Corrado / Olevano Romano: *paesi vicini a Roma.*

di violette, garofani o rose, un commercio che oggi è affidato alle bancarelle.

Adesso la piazza e gli scalini sono invasi dagli "hippies - artigiani" che esibiscono
30 la loro merce: collanine, crocefissi, anelli, braccialetti, segni dello zodiaco fatti
ingegnosamente con chiodi, filo di ferro, perline. Ma ancora oggi, come diceva
d'Annunzio, "tutta la sovrana bellezza di Roma è raccolta in questo spazio". C'è
ancora il Caffè Greco, ai cui tavolini sedevano Goethe, Gogol', Wagner, fino a De'
Chirico, che viveva in un appartamento con le finestre sulla piazza, come Corrado
35 Alvaro, uno degli scrittori da me più amato, e ci sono ancora le botteghe degli
antiquari, quelle degli arredatori, le sartorie di moda, le gallerie d'arte.

Solo di notte però, si sente lo scroscio dell'acqua della fontana della Barcaccia, che
di giorno è sopraffatta dal frastuono. Perché con il dopoguerra molte cose sono
cambiate: oggi il quartiere è invaso da gente che arriva da fuori e dagli altri quartieri;
40 un tempo, ha osservato un vecchio che vi trascorse la giovinezza, "si viveva in piazza
di Spagna, oggi ci si passa". Ma forse anche in questo adeguarsi sta il richiamo di
Roma, "una madre" ha detto Federico Fellini "che non ti chiede nulla e non si
aspetta niente".[1]

1 *confronta con il brano a pag. 52.*

21

- **Voi siete qui!**

Cerca sulla pianta di Roma Piazza di Spagna, la scalinata di Trinità dei Monti, il Pincio, via delle Carrozze, Piazza del Popolo, via Condotti, via del Babuino.

- **Dentro al testo.**

**1.   Rispondi alle seguenti domande:**

1.   Da chi fu ideata la scalinata di Trinità dei Monti?

*dal cardinal Mazzarino*

2.   Perché si chiama "Piazza di Spagna"?

*pq gli spagnoli avevano*

3.   Quali sono le strade che sboccano sulla piazza?

*Via Condotti, Via del Babuino*

4.   In quale periodo dell'anno la scalinata è ornata di fiori?

*8 di dicembre : Immacolata Concezione*

5.   Come è cambiata Piazza di Spagna dopo la seconda guerra mondiale?

....................................................................

6.   Fellini come definisce Roma?

*come una città piena di misteri quando non si aspetta niente.*

**2.   A chi o a che cosa si riferiscono le parole in neretto presenti nel testo?**

1.   **la** scopre (r. 2)            *Gabriele d'Annunzio*

2.   **la sua** favorita (rr. 5-6)      _____

3.   **la piazza** (rr. 17-18)       _____

4.   **Qui** sboccano (r. 21)       _____

5.   **la loro** merce (r. 30)       _____

6.   **vi** trascorse (r. 40)        _____

3.  Collega gli scrittori e gli artisti ai luoghi. Prima di svolgere l'esercizio rileggi con
    attenzione il brano.

    Giacomo Leopardi

    Vittorio Alfieri                    a destra della scalinata

    John Keats                          locanda del Sartore

    Liszt                               albergo Alibert

    Shelley                             trattoria della Barcaccia

    Casanova                            Caffè Greco

    Winckelmann                         appartamento con le finestre sulla piazza

    Wagner                              ambasciata spagnola

    De Chirico                          via delle Carrozze

    Corrado Alvaro

    Goethe

4.  Trova le parole che nel testo hanno significato equivalente
    a quelle che seguono e trascrivile.

1.  mangiavano (rr. 10-15)            _____

2.  urla (rr. 15-20)                  _____

3.  sicuramente (rr. 20-25)           _____

4.  vendere (rr. 25-30)               _____

5.  mettono in mostra (rr. 25-30)     _____

6.  una volta (rr. 35-40)             _____


•   **Fuori dal testo.**


1.  **"La più capricciosa delle piazze romane"** è un *superlativo relativo*.
    Completa le seguenti frasi con il *comparativo* o il *superlativo relativo* o *assoluto*
    degli aggettivi tra parentesi.

1.  Quel monumento è (antico) .............................. della città.

2.  Mario è (disponibile) ......................................... di tutti i miei amici.

3. Pensa di essere una persona (gentile)....................................................

4. Tra i due fratelli, Giovanni è (disponibile) ..................................... di Sandro.

5. Tra tutte le ragazze che abbiamo incontrato (bella) ............................. è senza dubbio Giovanna.

6. Tra tutti i film è quello che mi è piaciuto di più; davvero (bello) .......................

7. Questo è il maglione (caldo) ............................. che ho; prova ad indossarlo.

8. Nella mia classe (preparata) .......................................... è Lucia.

9. Luigi è (grande) ......................... di Guido. Il primo ha 25 anni, il secondo 18.

10. Mi dispiace, devo proprio dirtelo: sei (intelligente) ........................ di quanto pensassi.

**2.** **"C'è ancora il Caffè Greco, ai cui tavolini sedevano..." (rr. 32-33)**
**Unisci le frasi che seguono usando il pronome relativo "cui" preceduto da una preposizione (a, di, in, con, su, per).**

Es.: Ieri ti ho parlato del film. Il film era interessante.
Il film di cui ti ho parlato ieri era divertente.

1. Sabato sono stata ad una festa. La festa è stata molto divertente.

   La festa ...........................................................................................

2. Ti ho fatto vedere la foto di un ragazzo. Il ragazzo è il mio fidanzato.

   Il ragazzo ........................................................................................

3. Ieri sera siamo stati in pizzeria. La pizzeria era molto economica.

   La pizzeria .......................................................................................

4. Vi abbiamo fatto venire qui per un motivo.
   Il motivo è che vogliamo mostrarvi queste foto.

   Il motivo ..........................................................................................

5. Ho prestato il libro ad una ragazza. La ragazza è andata in vacanza.

   La ragazza ........................................................................................

6. Ho poggiato le chiavi su un tavolo. Il tavolo è all'ingresso.

   Il tavolo ...........................................................................................

7. Sono andato al cinema con degli amici. Gli amici sono molto simpatici.

   Gli amici ..........................................................................................

**2.** Raggruppa le parole che seguono in modo da costituire i seguenti gruppi omogenei:

| fiori | gioielli | negozi |
|-------|----------|--------|
| _____ | _____ | _____ |
| _____ | _____ | _____ |
| _____ | _____ | _____ |
| _____ | _____ | _____ |
| _____ | _____ | _____ |

_margherita - collana - tabaccheria - farmacia - tulipano - libreria - girasole - ciondolo -_
_orecchini - orchidea - azalea - gioielleria - alimentari - bracciale - spilla_

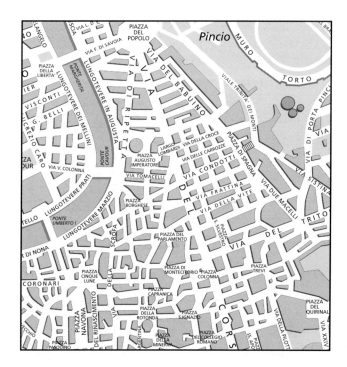

## itinerario

- Piazza di Spagna
- Via Condotti
- Via delle Carrozze
- Via del Babuino
- Piazza del Popolo

**Rileggi con attenzione il brano *Roma* di Enzo Biagi a pag. 20.**

Per arrivare a piazza di Spagna, il mezzo più comodo è la Metropolitana. Una volta nella piazza si viene subito colpiti dalla magnifica **scalinata** ideata dal Cardinale Mazzarino e dalla **Fontana della Barcaccia**, voluta da Urbano VIII nel 1629.
Ci sono ancora la **sala da tè Babington's** e la **Casina Rossa** dove visse e morì, nel 1821, John Keats.
Lasciata la scalinata alle spalle, si può percorrere **via Condotti**, dove amava mangiare Winckelmann, e c'è il **Caffè Greco**.
Arrivati su **via del Corso**, girando a destra si incontra, poco più avanti, **via delle Carrozze**, dove abitava Giacomo Leopardi. Dopo averla percorsa tutta e arrivati di nuovo a piazza di Spagna, si gira a sinistra e si imbocca **via del Babuino**, che porta fino a **piazza del Popolo**. Questa via, su cui si affacciano numerosi negozi di antiquariato, deve il suo nome ad una statua, che oggi si trova a lato della Chiesa di Sant'Atanasio; una statua così brutta che ai Romani sembrava una scimmia (un "babuino", appunto). *(Vedi la scheda che segue: "Le statue parlanti")*
Fu Giuseppe Valadier che diresse i lavori di costruzione di piazza del Popolo dal 1816 al 1824.
In questa piazza si trova la chiesa di **Santa Maria del Popolo**. Nel transetto sinistro sono custodite due splendide opere del Caravaggio: la Crocifissione di San Pietro e la Conversione di San Paolo.

Ti proponiamo le fotografie di questi due famosi dipinti:
osserva attentamente le due opere e riempi lo schema che segue.

**La Crocifissione di San Pietro**

**La Conversione di San Paolo**

| • **La Crocifissione di San Pietro** | • **La Conversione di San Paolo** |
|---|---|
| *Quanti personaggi sono rappresentati?* | *Quanti personaggi sono rappresentati?* |
| ............................................................ | ............................................................ |
| *Cosa stanno facendo ?* | *Cosa stanno facendo ?* |
| ............................................................ | ............................................................ |
| ............................................................ | ............................................................ |
| *Da dove proviene la luce?* | *Da dove proviene la luce?* |
| ............................................................ | ............................................................ |
| *Cosa illumina?* | *Cosa illumina?* |
| ............................................................ | ............................................................ |
| *Descrivi il viso e l'espressione di San Pietro:* | *Descrivi San Paolo. Come sono i suoi occhi?* |
| ............................................................ | ............................................................ |
| ............................................................ | ............................................................ |

# LE STATUE PARLANTI

### Pasquino

È la più famosa "statua parlante" di Roma. Con il suo ritrovamento nel 1501, inizia la sua attività. La statua fu collocata nella piazza di Parione, dove si trova attualmente. Alla base della statua venivano appesi fogli che contenevano sonetti e satire, naturalmente anonimi, contro il potere costituito. Nella Roma 'papalina' le 'pasquinate' erano lo strumento che il popolo aveva a disposizione per esprimere il proprio malcontento.

### Il Babuino

Statua così chiamata a causa della sua bruttezza. Ricordava infatti una scimmia. Rappresenta in realtà un Sileno. Il Babuino era invidioso di Pasquino e per esprimere meglio il contrasto con le 'pasquinate' si usò il termine 'babuinate'. Si trova nell'omonima via.

### Il Facchino

È una piccola fontana che si trova ancora oggi in via Lata. Tiene in mano una piccola botte da cui esce l'acqua ed indossa il berretto e il camice della corporazione dei facchini. Statua parlante anch'essa, anche se non così famosa come Pasquino.

### Marforio

La statua, ritrovata ai piedi del Campidoglio, sembra rappresentasse una divinità fluviale, forse lo stesso Tevere, ed è databile presumibilmente intorno al I secolo a.c.. Fu collocata, durante il pontificato di Innocenzo X, nel cortile del Palazzo Nuovo, dove ancora si trova. Marforio era la "spalla", l'interlocutore prediletto della statua di piazza Parione.

| **Pasquino** | **Il Babuino** | **Il Facchino** | **Marforio** |
|---|---|---|---|
|  |  |  |  |

# I CAFFÈ STORICI

### L'Antico Caffè Greco

### Caffè del Veneziano

Oggi scomparso, fu aperto verso il 1725 e si trovava nella piazzetta Sciarra. Nel 1745 ai proprietari si associò un esperto del caffè, originario di Venezia, che diede il nome al locale. Nel corso degli anni cambiò sede e con l'introduzione di gelati, pasticceria e sorbetti, divenne il primo locale del genere. Tra i suoi clienti, vi furono personaggi famosi come Rossini e il giovane Mastai, poi papa Pio IX.

### L'antico Caffè Greco

Rappresenta ancora oggi un punto d'incontro di personaggi famosi, politici e intellettuali. Quando sorse, nel 1760, il Caffè Greco, che ha mantenuto nel tempo le stesse caratteristiche di ambiente e arredamento, godette le simpatie dei viaggiatori del grand tour presenti a Roma. Gli inglesi, ma ancora di più gli scandinavi e i tedeschi, lo avevano eletto quale punto d'incontro preferito. Ai suoi tavoli possiamo immaginare abbiano trovato posto Winckelmann, Goethe, Andersen e molti altri. La fama del locale e la presenza di personaggi celebri ha attraversato il tempo e lo ha sottratto a quella furia di ammodernamento che, negli anni '50, distrusse e snaturò gran parte dei caffè e dei locali della capitale.

Domenico Starnone

# Eccesso di zelo

*Il protagonista del romanzo vuole aiutare una sua collega di lavoro, che si è rivolta a lui, a liberarsi definitivamente del suo ex-fidanzato, ma, profondamente immaturo e con grandi problemi irrisolti, non solo non si dimostra all'altezza della situazione, ma complicherà ulteriormente le vicende della ragazza.*

1    La pioggia va benissimo se spiata da dietro i vetri, ma quando ti inzuppa, quando ti incolla la camicia e i pantaloni alla pelle, quando ti inzacchera di fango e smog, è odiosa. Ritornai nell'atrio e ci restai per un po' in attesa che spiovesse, ma accadde il contrario: cominciò a piovere a dirotto. Allora mi decisi e corsi verso la fermata
5    dell'autobus. Strade deserte, niente mezzi di trasporto. Sostai pochi minuti sotto i platani e poi mi rassegnai ai fastidi dei temporali: l'acqua negli occhi; occhiali appannati; i suoni del mattino ridotti a un gorgoglio dentro le orecchie; un senso di vertigine come se qualcuno mi pompasse liquido caldo contro i timpani. Discesi per corso Sempione e imboccai la Nomentana sotto un'acqua fitta che non rinfre-
10    scava, ma pareva solo un sudore freddo da malore. (...)
A un certo punto, mi sentii troppo indebolito e entrai in un bar. Fu una buona idea. Feci colazione con due cornetti e un cappuccino, sotto gli occhi di un barista assonnato che disse due volte di seguito: "Dopo tutto il caldo che abbiamo avuto, è bello andare in giro di prima mattina, sotto la pioggia". Non proprio così, natural-
15    mente: parola più, parola meno. Mi piacque l'ironia benevola e la sua buona volontà di conversatore mattutino. Volevo rispondergli per gentilezza almeno un "sì, proprio bello". Non ebbi il tempo: dovetti uscire in fretta per saltare su un autobus che – ecco, spalancava le porte alla fermata.

• **Voi siete qui!**

**Cerca sulla cartina di Roma corso Sempione e via Nomentana.**

• **Dentro al testo**

**1.** **Dopo aver letto il brano, indica se le seguenti affermazioni sono vere (V) oppure false (F).**

1. La pioggia è bella
   se si sta al chiuso. V ☐ F ☐

2. Il protagonista-narratore percorre prima corso Sempione
   e poi la via Nomentana. V ☐ F ☐

3. Il barista vuole iniziare
   una conversazione. V ☐ F ☐

4. Al protagonista non piace
   il comportamento del barista. V ☐ F ☐

5. Il protagonista non fa in tempo
   a prendere l'autobus. V ☐ F ☐

**2.** **Quali sono i fastidi creati da una pioggia insistente, secondo l'autore del testo?**

.......................................................................................................................
.......................................................................................................................
.......................................................................................................................
.......................................................................................................................
.......................................................................................................................

**3.** **Trova nel testo le parole che hanno lo stesso significato di quelle che seguono e trascrivile.**

1. insopportabile (rr. 1-5) .........................................

2. forte (rr. 1-5) .........................................

3. vuote (rr. 5-10) .........................................

4. opachi (rr. 5-10) .........................................

5. continua e insistente (rr 5-10) .........................................

6. apriva (rr. 15-18) .........................................

**4. Modifica la prima parte del brano da "Ritornai nell'atrio" (r. 3) fino a "da malore" (r. 10) utilizzando la terza persona al posto della prima.**

Ritornò nell'atrio e ci (1) .................... per un po' in attesa che spiovesse (...). Allora (2)

................. e (3) .............. verso la fermata dell'autobus. (...) (4) .............. pochi

minuti sotto i platani e poi (5) .................... ai fastidi dei temporali (...) un senso di

vertigine come se qualcuno (6) ...................... liquido caldo contro i timpani. (7)

.................... per corso Sempione e (8) ......................... la Nomentana sotto

un'acqua fitta che non rinfrescava, ma pareva solo un sudore freddo da malore.


• **Fuori dal testo**


**1. "un senso di vertigine..." (rr. 7-8)**
**Completa le frasi che seguono inserendo le espressioni date in fondo all'esercizio.**

1. Prevedo sempre le situazioni difficili, credo proprio di avere un ...............................

2. Mario svolge il suo lavoro con grande diligenza: ha un forte ...............................

3. Forse ha mangiato troppo; dopo aver fatto il bagno si è sentita male ed ha .................
   ...................................

4. ........................... hai ragione, ma devi riconoscere che non posso fare altrimenti.

5. Non posso guidare di notte, i fari delle automobili che viaggiano ...........................
   ................................... mi danno fastidio agli occhi.

6. Non puoi tornare indietro, questa è una strada ...............................................

7. Quando ho lasciato Giuseppe, ho provato un forte ...........................................

8. I ciechi hanno il ............................... molto sviluppato.

9. Quella ferita che hai sul braccio mi .........................................................

10. Non cercate tutte le parole che non conoscete sul vocabolario: ...............................

11. Per risolvere il tuo problema basta un po' di .............................................

*senso di colpa - andate a senso - senso dell'udito - sesto senso - in un certo senso - fa senso - senso del dovere - a senso unico - buon senso - in senso contrario - perso i sensi*

32

2. **Raggruppa le parole che seguono in modo da costituire i seguenti gruppi omogenei:**

Capi d'abbigliamento                     Alberi

.........................................          .........................................

.........................................          .........................................

.........................................          .........................................

.........................................          .........................................

.........................................          .........................................

Cibi per la colazione                      Elementi Atmosferici

.........................................          .........................................

.........................................          .........................................

.........................................          .........................................

.........................................          .........................................

.........................................          .........................................

*camicia - smog - quercia - tè - biscotti - pantaloni - pioggia - marmellata - maglia - gonna - cipresso - salice - grandine - neve - platano - pino - cappuccino - cappotto - cornetto - nebbia*

3. **Il protagonista del brano non ha il tempo di conversare con il barista. Se avesse avuto il tempo, che cosa si sarebbero detti? Completa il dialogo che segue.**

**Barista:** *Dopo tutto il caldo che abbiamo avuto, è bello andare in giro di prima mattina, sotto la pioggia.*
**Protagonista:**.........................................................................................
.........................................................................................

**Barista:** *Ma stavo scherzando, su, non se la prenda! Il cappuccino lo vuole caldo o tiepido?*
**Protagonista:**.........................................................................................
.........................................................................................

**Barista:** *Però! Questa pioggia le ha messo appetito!*
**Protagonista:**.........................................................................................
.........................................................................................

**Barista:** *Grazie a lei e buona giornata!*

# Michele Serra

# Ostia

*"Tutti al mare" è una raccolta di articoli scritti per il quotidiano* l'Unità *durante l'agosto 1985. Viaggiando su una Panda 4 x 4 ed osservando le contraddizioni che lo circondano con la sua consueta ironia, Michele Serra ogni sera descrive in un articolo le località balneari italiane. Da Ventimiglia a Trieste, chilometro dopo chilometro, dalla sua penna emergono luoghi, persone, abitudini.*

1    Alle spiagge di Ostia, nelle domeniche di luglio, tocca ospitare oltre mezzo milione
di persone. Subito più a sud, la spiaggia libera e quella comunale di Castel Porziano
ne attirano, sempre nei giorni di punta, circa duecentomila. Torvaianica altrettanto.
Fanno un milione di donne e di uomini che si sistemano alla meglio lungo una striscia
5    di venti chilometri di sabbia. Oggi è un giorno feriale, per giunta di tramontana, il
mare è inavvicinabile e così agitato che neppure si bada alla sua tragica sporcizia.
Il litorale romano è quasi deserto. Bambini delle colonie, con l'eterna maglietta a
righe, e un gruppo di giapponesi. Qualche coppia di innamorati. Qualche anziano
che fa ginnastica. Ragazze in gruppo, e tutto attorno gruppi di ragazzi che fanno la
10   posta. La sabbia scura di Ostia è quasi bella, quasi pulita mentre piccole ruspe la
battono per spianarla e rimediare ai cumuli formati dal vento. Basta non guardarsi
alle spalle, per non vedere l'orda di case in stile piastrellato-cubico, o balconizio-
antennoso, o scatolato-verandesco, fate voi, e la spiaggia acquista una sua onestà
corroborante e marittima. Lo spazio vitale è tanto, e dalla metropolitana escono
15   poche decine di persone per volta, subito disperse lungo l'arenile.
Più giù, tregua di dune e arbusti tra il tutto-case di Ostia e quello di Torvaianica,
c'è la famosa spiaggia di Castel Porziano, meta prediletta di fotografi in cerca di
folle e follie popolari. Nudisti e gay sono frequentatori abituali, anche fuori stagione,
di una delle spiagge più vaste e selvagge del Tirreno. Bellissima se fosse a distanza
20   di sicurezza dalla metropoli: ma ancora suggestiva e frequentabile con piacere nei
giorni feriali, quando si può correre sulla battigia e coricarsi sulla sabbia finissima
e bianca frapponendo tra sé e i megatransistor delle comitive di ragazzini una ragionevole metratura.
La parte gestita dal Comune (gratuita ma attrezzata) è abbastanza pulita. Quasi
25   affascinante, invece, l'incredibile campionario di rifiuti della zona libera, ideale per
un frettoloso sondaggio sociologico sui consumi popolari degli italiani. Scarpe da
footing, lattine, una caffettiera, bottiglie, bigodini, confezioni di yogurt e budini,
scatole di latta, cartoni, sacchetti di plastica, giornali, cicche e persino, insabbiato

fino al Polo Nord, un vecchio mappamondo. Ogni qualche centinaia di metri, un
30  capanno di legno e canne per dissetare i pochi bagnanti, tutti uomini. È il tratto di
litorale prediletto dai gay, per la maggior parte, in omaggio alla nuova corrente
"machista", baffuti e muscolosi, alla californiana. Sopra un lettino di tela, un travestito
con i seni gonfi di silicone e i piedoni enormi pencolanti dal lettino di tela porta una
nota di anacronistica diversità in un paesaggio di uguali. I canneti, le baracche con
35  i cani accoccolati al sole e certi volti adulti e segnati di ragazzini che passano in fretta
guardando di sottecchi i nudisti quasi costringono a ricordare Pasolini: che tornando
e vedendo i tanga, le silhouette americanizzate, le magliette e i foulard da boutique,
non riuscirebbe più a ritrovare, in questo panorama umano ibridizzato dalle mode,
la dura innocenza dei suoi figli del popolo.
40  Ibrida è anche Torvaianica, che prelude ad Anzio e in pratica chiude il litorale
romano, in un'alternanza quasi grottesca di vecchie insegne ("da Checco", "al
cancello del Burino") e nuovi neon ("Las Vegas New Beach", "Happy Surf"), con
una densità parossistica di gelaterie, pizzerie, e ragazzotti collanuti e bermudati che
parcheggiano moto grandi come locomotive accanto a vecchie "850" e "128"[1].
45  Dalla foce del Tevere alla fine di Torvaianica, con l'eccezione degli onnipresenti
giapponesi, gli stranieri sono rarissimi. Il turismo, qui, è romano, anzi romanesco.
Abita in città, prende la metropolitana, la macchina o il motorino, e cala in massa
sul mare per ripartirsene nel tardo pomeriggio. È un turismo rumoroso, caciarone,
vivace, un po' ribaldo, un turismo di popolo alimentato dall'unica metropoli italiana
50  (assieme a Napoli) che ancora possieda un popolo.

---

1  "850" e "128": vecchi modelli di automobili FIAT.

• **Voi siete qui!**

**Cerca su una cartina del Lazio le spiagge di Ostia, Castel Porziano e Torvaianica.**

• **Dentro al testo**

1. **Dopo aver letto il brano, indica a quale delle tre spiagge del litorale romano (Ostia, Castel Porziano, Torvaianica) si riferisce ognuna delle affermazioni che seguono.**

1. È piena di gelaterie e pizzerie. ..............................

2. È una delle spiagge più vaste e selvagge del Tirreno. ..............................

3. È frequentata da nudisti e gay. ..............................

4. Nelle domeniche di luglio ospita oltre mezzo milione di persone. ..............................

5. Chiude il litorale romano. ..............................

6. Alle sue spalle c'è la città piena di case. ..............................

2. **Rimetti in ordine le parti che costituiscono il testo che hai appena letto.**

a. Torvaianica

b. Ostia e la sua descrizione

c. Introduzione

d. Conclusione

e. La spiaggia di Castelporziano

*sequenza* ......... ......... ......... ......... .........

3. **Trova nel brano le parole che corrispondono alle seguenti definizioni e trascrivile.**

1. giorno non festivo (rr. 1-5) ..............................

2. vento freddo e secco che spira dal Nord (rr. 1-5) ..............................

3. distesa di sabbia, spiaggia (rr. 10-15) ..............................

4. striscia di spiaggia battuta dalle onde (rr. 20-25) ..............................

5. non costa nulla (rr. 20-25) ..............................

6. ricerca, indagine (rr. 25-30) ..............................

• **Fuori dal testo**

1. **Inserisci in ogni spazio la parola giusta, scegliendola tra le seguenti:**
*yoghurt, bottiglia, scatola, paio, budino, barattolo, cicca, lattina.*

1. un ............................ di scarpe da ginnastica

2. un ............................ al cioccolato

3. uno ............................ alla fragola

4. una ............................ di vino

5. una ............................ di Coca-Cola

6. una ............................ di sigaretta

7. un ............................ di marmellata

8. una ............................ di biscotti

2. **Inserisci nel testo che segue le cifre date in fondo in ordine sparso.**
**Alla fine rileggi l'inizio del brano di Serra per controllare le tue risposte.**

*Alle spiagge di Ostia tocca ospitare oltre ............................ di persone. Subito più a sud, la*
*spiaggia libera e quella comunale di Castel Porziano ne attirano circa ............................*
*Fanno ............................ di uomini e donne che si sistemano alla meglio lungo una striscia*
*di ............................ chilometri di sabbia.*

*duecentomila - venti - un milione - mezzo milione*

3. **"Nudisti e gay sono frequentatori abituali ..." (r. 18) (da "frequentare")**
**Forma dei sostantivi aggiungendo i suffissi "-tore" o "-ante/ente"**
**ai verbi che seguono.**

1  giocare      ............................

2. insegnare    ............................

3. dirigere     ............................

4. lavorare     ............................

5. supplire     ............................

6. calcolare    ............................

7. cantare      ............................

8. simulare     ............................

Pier Vittorio Tondelli

# Pao Pao *(I)*

*La sigla PAO significa Picchetto Armato Ordinario.*[1] *Il romanzo racconta l'esperienza del servizio militare dell'autore. L'ambiente della caserma, popolato da persone così diverse tra loro per provenienza, abitudini, formazione e cultura, diviene lo sfondo della storia di vita e sopravvivenza del protagonista che coglie ogni occasione per evadere.*

1 Proseguo sempre tranquillissimo come passeggiassi, fumo una sigaretta (...) Il silenzio dei vialetti si va sempre più frammentando, c'è un ronzio nell'aria che serpeggia quasi impercettibile, una vibrazione sonora come di un altoparlante acceso, di una mosca che vola, una frequenza che si fa sempre più intensa e definita e netta, man
5 mano che avanzo, sempre più complessa e variegata, non uno ma due, tre, quattro ronzii, cinque sei, un rumore, un disaccordo crescente sempre più forte, più complesso, nitido, sempre più nitido, il muro, la breccia, il rumore sempre più acceso. Salgo in alto, mi avvinghio a un ramo, mi butto di là e cado in pieno nel traffico incasinato del tramonto romano che mi prende e mi eccita e m'abbraccia
10 nei suoi autobus, nei taxi, nelle strombazzate, nei fischi delle guardie, nelle sirene dei caramba[1] , nei cani che abbaiano e i bambini che strillano, la vita. Meraviglioso canto di Roma, ci sono dentro, ci sono affogato, mi allargo anch'io fra la gente e le macchine con il cuore gonfio. Una improvvisa sensazione di avercela fatta.
Lì dal Colosseo compro i giornali del mattino prima, mi faccio confezionare quattro
15 panini, prendo due birre e qualche mignon di fernet. In farmacia compro le gocce per il mal di testa di Alex e i fazzolettini di carta. Al bar bevo whisky e telefono al fratello[2], tutto ok, tutto bene. Lui manda a dire che domani arriverà un suo compagno di corso AUC[3] che sta lì a Villa Fonseca e che cercherà di farmi avere una convalescenza. Sto meglio, molto meglio.
20 Pronto a tornare.

1 caramba: *carabinieri (uso gergale).*
2 al fratello: *al fratello del narratore.*
2 corso AUC: *corso Allievi Ufficiali di Complemento (per l'addestramento degli ufficiali dell'esercito).*

• **Voi siete qui!**

**Cerca sulla cartina di Roma il Colosseo.**

• **Dentro al testo**

**1. Dopo aver letto il brano, rispondi alle seguenti domande.**

1. Dove sale il protagonista?

   ......................................................................................................

2. Dove cade?

   ......................................................................................................

3. Come si sente dopo essersi immerso nel traffico cittadino?

   ......................................................................................................

4. Cosa fa vicino al Colosseo?

   ......................................................................................................

5. Cosa acquista in farmacia?

   ......................................................................................................

6. Perché va al bar?

   ......................................................................................................

7. Perché si sente meglio dopo aver telefonato?

   ......................................................................................................

**2. A chi o a che cosa si riferiscono gli elementi evidenziati?**

1. ...mi butto **di là**... (r. 8)                    ...................................................

2. ...mi abbraccia nei **suoi** autobus... (r. 10)    ...................................................

3. ... **ci** sono dentro... (r. 12)                  ...................................................

4. **Lui** manda a dire... (r. 17)                    ...................................................

5. ... domani arriverà un **suo** compagno
   di corso AUC... (rr. 17-18)                       ...................................................

39

# esercizi

3. **Collega ogni elemento del gruppo A con uno del gruppo B e uno del gruppo C.**

| A | B | C |
|---|---|---|
| i fischi | dei | Roma |
| il canto | delle | mattino |
| le sirene | di | caramba |
| i giornali | del | guardie |
| i fazzolettini | di | testa |
| il mal | di | corso |
| un compagno | di | carta |

4. **Volgi al passato il brano da "*Lì dal Colosseo*" fino alla fine, coniugando i verbi al tempo giusto.**

*Lì dal Colosseo ho comprato i giornali del mattino prima, mi (1)...................... confezionare*

*quattro panini, (2)...................... due birre e qualche mignon di fernet. In farmacia*

*(3)...................... le gocce per il mal di testa di Alex e i fazzolettini di carta. Al bar*

*(4)...................... whisky e (5)...................... al fratello, tutto ok, tutto bene. Lui (6) ......................*

*a dire che il giorno seguente (7)...................... un suo compagno di corso AUC che*

*(8)...................... lì a Villa Fonseca e che (9)...................... di farmi avere una convalescenza.*

*(10)...................... meglio, molto meglio. Pronto a tornare.*

• **Fuori dal testo**

1. **Fra i seguenti gruppi di parole cancella quella estranea.**

1. gocce - caramelle - compresse - sciroppo

2. birra - whisky - aranciata - vino

3. torta - panino - pizza - tramezzino

4. quotidiano - settimanale - mensile - trimestre

**2.** *"... domani arriverà un suo compagno di corso AUC... che cercherà di farmi avere una convalescenza"* (rr. 17-19)

**Ricomponi le frasi che seguono unendo le parti della colonna A con quelle della colonna B e inventando le parti mancanti.**

| | |
|---|---|
| 1. Ti restituirò il libro... | a. quando avrò visto tutta la mostra. |
| 2. Maria andrà nella nuova casa... | b. ............................................... |
| 3. Partirò domani... | c. quando avrò finito di leggerlo. |
| 4. Dirò quello che penso... | d. ............................................... |
| 5. Confesserò tutto... | e. solo se me lo dirai anche tu. |
| 6. Ci incontreremo a Pisa... | f. ............................................... |
| 7. Farò la spesa... | g. quando avrà finito di arredarla. |
| 8. Ti dirò quale quadro preferisco... | h. ............................................... |
| 9. Lavorerà... | i. se verrà revocato lo sciopero. |
| 10. Nuoterò tutto il pomeriggio... | e. ............................................... |

**3.** *"Una improvvisa sensazione di avercela fatta."* (r. 13)

**L'espressione idiomatica** *"farcela"* **significa** *"riuscire a"*. **Nelle frasi che seguono, spezzate, sono presenti altre espressioni idiomatiche come** *"tenerci"* (= avere a cuore), *"avercela"* (= essere arrabbiato con / essere rivolto a), *"entrarci"* (=avere a che fare con).

**Ricomponi le frasi spezzate che seguono collegando ogni elemento del primo gruppo con uno del secondo gruppo.**

| | |
|---|---|
| 1. Non è vero che non ti voglio bene... | a. No, non ce l'ho, mi dispiace. |
| 2. È stata dura convincere il capo... | b. ce l'avevi con me? |
| 3. Perché non mi rivolgi la parola?... | c. io ci tengo a te. |
| 4. Scusa, ero distratto... | d. ma ce l'ho fatta. |
| 5. Ce l'hai una sigaretta? | e. ce l'hai con me? |
| 6. Non hai passato l'esame perché ieri sera sei uscito. | f. Che c'entra, non sono mica ritornato tardi! |

## IL COLOSSEO

**Ricostruisci la storia del Colosseo, riordinando i frammenti.**

1.  edificio. I lavori di costruzione durarono otto anni e il monumento venne inaugurato nell'80 d.C..
    Entrando all'interno dell'anfiteatro, si può vedere una serie di corridoi che servivano come magazzini.

2.  Il luogo dove ora puoi vedere il Colosseo, nei secoli precedenti alla fondazione di Roma era

3.  un grande telo di lino che riparava gli spettatori dal sole.
    La visita al Colosseo è possibile nei giorni feriali dalle 9 alle 17 ed il mercoledì ed i giorni festivi dalle 9 alle 13.

4.  una valle stretta e profonda con uno stagno. Inizialmente vi furono costruite solo delle abitazioni private ma Nerone vi fece edificare la

5.  In seguito, Vespasiano iniziò la costruzione di un grandioso edificio dove si dovevano svolgere gli spettacoli: l'Anfiteatro Flavio, oggi più noto come, appunto, Colosseo.

6.  Domus Aurea, una vera e propria reggia con un lago artificiale.

7.  Tutti questi corridoi erano ricoperti da grandi tavole di legno sulle quali si svolgevano gli spettacoli; nelle giornate calde l'edificio veniva ricoperto da

8.  Questo nome non è quello originale. Probabilmente esso deriva da un'enorme statua di Nerone che era stata posta più vicino all'

*Sequenza:* ……… ……… ……… ……… ……… ……… ……… ………

Pier Vittorio Tondelli

# Pao Pao *(II)*

1   Meravigliosa domenica di ferragosto dunque in una Roma naturalmente deserta percorsa solo da qualche troupe di cinematografari e da qualche brigata di najoni[2] e di turisti stranieri e dalle mille e una vibrazioni del mio amore che irradio dall'alto di Piazza del Popolo come un'antenna selvaggia. (...)

5   È allora una Roma fredda, piovosa e bagnata, spazzata da pungenti raffiche di vento che si insinuano tra le gambe e le braccia quella che io percorro solitario senza più i miei amici, tutti spediti al Sud a spalare macerie e rivoltare i cadaveri del sisma del ventitré novembre[3]. È una Roma ormai definitivamente invernale quella la cui luce si spegne già nel primo pomeriggio e che io scruto annoiato stretto nel mio giubbone

10 di tela bianco seguendo meccanico come un androide i passi che portano ogni sera, insistentemente dalla Vecchina e su quei tavoli mandar giù le piovigginose pietanze e bere il giallino dei Colli[4] che mai come ora fatica a scaldare. Ma questa è anche la gelida Roma in cui incontro Erik, il mio volpacchiotto Erik, il mio amore per sempre.

---

1   Picchetto Armato Ordinario: *servizio armato di guardia a strutture militari.*
2   najoni: *soldati nel periodo di leva (addestramento militare obbligatorio) detto, in gergo, "naja".*
3   *sisma del ventitré novembre: terremoto del 1980 in Irpinia, zona del centro-sud dell'Italia.*
3   *giallino dei Colli: il vino bianco dei Colli Albani, località del Lazio.*

esercizi

• **Voi siete qui!**

Cerca sulla cartina di Roma Piazza del Popolo.

• **Dentro al testo**

1. **Dopo aver letto i due brani, trascrivi nelle colonne qui sotto le caratteristiche della Roma estiva e di quella invernale.**

Roma a Ferragosto                    Roma invernale

...............................................    ...............................................

...............................................    ...............................................

...............................................    ...............................................

...............................................    ...............................................

...............................................    ...............................................

                                                   ...............................................

                                                   ...............................................

                                                   ...............................................

2. **Trova nella seconda parte del testo le parole che corrispondono alle seguenti definizioni e trascrivile.**

1.  attraversata (rr. 1-5)                  ...............................................

2.  soffi di vento forti ed improvvisi (rr. 1-5)   ...............................................

3.  si infilano (rr. 5-10)                  ...............................................

4.  portare via con la pala (rr. 5-10)      ...............................................

5.  quello che rimane dopo il crollo di un edificio (rr. 5-10)   ...............................................

6.  terremoto (rr. 5-10)                    ...............................................

7.  guardo con attenzione (rr. 5-10)        ...............................................

8.  giaccone militare (rr. 5-10)            ...............................................

9.  robot dall'aspetto umano (rr. 5-10)     ...............................................

10. cibi (rr. 10-15)                        ...............................................

**3.** **Volgi il secondo brano dal presente al passato, coniugando i verbi al tempo giusto (*passato prossimo* o *imperfetto*).**

*Era allora una Roma fredda, piovosa e bagnata, spazzata da pungenti raffiche di vento che si (1)*

*............................ tra le gambe e le braccia quella che io (2) ........................ solitario senza più*

*i miei amici (...). (3)............ una Roma ormai definitivamente invernale quella la cui luce si (4)*

*........................ già nel primo pomeriggio e che io (5) ........................ annoiato stretto nel mio*

*giubbone di tela bianco seguendo meccanico come un androide i passi che (6) ........................*

*ogni sera insistentemente dalla Vecchina e su quei tavoli mandar giù le piovigginose pietanze*

*e bere il giallino dei Colli che mai come allora (7) ........................ a scaldare. Ma questa (8)*

*................ anche la gelida Roma in cui (9) ............................ Erik, il mio volpacchiotto Erik,*

*il mio amore per sempre.*

• **Fuori dal testo**

**1.** **"... qualche *troupe di cinematografari*... qualche *brigata di najoni*" (r. 2)**
**Inserisci nelle frasi che seguono "qualche" o "alcuni/e".**

1. ............................ volta ascolto la musica classica.

2. ............................ settimane fa mi ha telefonato Giorgio.

3. Sono venuti ............................ studenti a chiedere informazioni.

4. Provati ............................ vestito dei miei!

5. Ho ancora ............................ esercizio da fare.

6. ............................ libri li ho venduti.

7. Hai ancora ............................ speranza!

8. Ho ............................ cose da farti vedere.

9. Hai ............................ spicciolo?

10. È rimasto ............................ biscotto?

**2. Collega i nomi dei mesi alle definizioni raccolte nella colonna B.**

| A. | B. |
|---|---|
| GENNAIO | 1. Il 31 è l'ultimo giorno dell'anno. |
| FEBBRAIO | 2. Il 6 la Befana porta il carbone ai bambini cattivi |
| MARZO | e dei dolci a quelli buoni. |
| APRILE | 3. Il 15 è Ferragosto. |
| MAGGIO | 4. In Italia iniziano le scuole. |
| GIUGNO | 5. Il 21 è l'equinozio di primavera. |
| LUGLIO | 6. Il 21 è il solstizio d'estate. |
| AGOSTO | 7. Viene definito il "mese delle rose". |
| SETTEMBRE | 8. Il 1° si festeggiano Tutti i Santi |
| OTTOBRE | 9. Il 14 ......... 1789 è scoppiata la Rivoluzione Francese. |
| NOVEMBRE | 10. Il 1° è il giorno degli scherzi. |
| DICEMBRE | 11. Ogni 4 anni ha 29 giorni. |
| | 12. Il 4 si festeggia S. Francesco d'Assisi. |

**3. Inserisci nei cruciverba che seguono le parole scritte sotto in ordine alfabetico.**

L'INVERNO

cappotto, guanti, nebbia, neve, pioggia, sciarpa

## L'ESTATE

A
B
B
R
O
N
Z
A
T
U
R
A

bagno, caldo, costume da bagno, mare, ombrellone, riposo, sole, spiaggia, sudore, tropici, vacanze, zoccoli

Federico Fellini

# Fare un film *(I)*

*"Fare un film" è un'autobiografia del grande regista scomparso, un'occasione per ripensare a periodi, situazioni, personaggi, che talvolta sono entrati a far parte dei film, divenendo spesso immortali, ed altre volte hanno fornito spunto e materiale di osservazione.*
*Qui ti proponiamo due riflessioni su Roma vista con l'occhio fantastico di chi era abituato a creare immagini.*

1    (...) Per trecentosessantaquattro giorni all'anno puoi restare completamente estraneo
a Roma come città, viverla senza vederla, o peggio, sopportarla con fastidio. Ma poi,
ecco, sprofondato nei tuoi malumori dentro a un taxi fermo a un semaforo, all'improvviso una strada che certamente conoscevi ti appare in una luce e di un colore
5    come mai avevi visto; a volte invece, è una brezza delicata che ti fa alzare gli occhi
e scopri altissimi cornicioni e terrazze contro un cielo di un azzurro da toglierti il
fiato. Oppure è un'atmosfera sonora, una eco che ti vibra attorno magicamente in
vasti spazi polverosi, disadorni, e tu avverti che si è d'incanto creato un contatto
profondo, un sentimento di quiete che cancella ogni tensione; come in Africa, dove
10   l'immobilità e la pace di tutto quello che ti è attorno non ti spegne nel sonno ma ti
rende lucido e indifferente; è come un altro senso del tempo, della vita, di te stesso,
e della fine della vita; non hai più ansia né angoscia.
Quando Roma ti raggiunge con questa sua antica malia, tutti i giudizi negativi che
puoi aver dato su di lei scompaiono e sai solo che è una fortuna abitarci.

• **Dentro al testo**

**1.** **Completa le affermazioni che seguono scegliendo tra le alternative date.**

Secondo l'autore...

1) normalmente vivere a Roma...      a. è facile.
         b. è fastidioso.

2) ci sono dei momenti durante i quali...    a. scopriamo i colori e l'atmosfera della città.
         b. desideriamo lasciare per sempre la città.

3) Roma ha un fascino antico legato...      a. alla natura.
         b. a un particolare senso del tempo.

**2. a Fellini descrive tre possibili elementi che spezzano il fastidio di vivere a Roma. Quali?**

1. ...............................................................................................................

2. ;..............................................................................................................

3. ...............................................................................................................

**2. b Improvvisamente si crea un contatto tra Fellini e Roma. Con quale aggettivo viene definito?**

...............................................................

**2. c Fellini fa un accostamento tra Roma e l'Africa. Cosa lega, secondo l'autore, due luoghi così diversi?**

...............................................................................................................

...............................................................................................................

**3.** **Collega i seguenti nomi agli aggettivi che li accompagnano nel brano:**

| | |
|---|---|
| una malia | polverosi |
| dei giudizi | profondo |
| una brezza | antica |
| un contatto | negativi |
| degli spazi | delicata |

**4.** **L'autore parla delle scoperte improvvise che si possono fare stando a Roma.**
**Immagina di avere avuto tu queste rivelazioni, l'altro giorno,**
**e completa il testo seguente con i verbi al tempo giusto.**

L'altro giorno ero in un taxi fermo a un semaforo; via del Corso mi (apparire) (1)........................

in una luce e di un colore che non avevo mai visto; una brezza delicata mi (fare) (2) ...................

alzare gli occhi e (scoprire) (3) ...................... altissimi cornicioni e terrazze contro un cielo

di un azzurro incredibile. Un'atmosfera sonora mi (vibrare) (4) ......................... attorno

magicamente e io (avvertire) (5) ...................... un contatto profondo, un sentimento di

quiete che (cancellare) (6) ......................... ogni tensione.


• **Fuori dal testo**


**1.** *"vasti spazi... disadorni"* (r. 8)
**Forma il contrario dei seguenti aggettivi, aggiungendo il prefisso *"dis-"* o *"s-"*.**

1. attento ...................................................

2. leale ...................................................

3. gradevole ...................................................

4. ordinato ...................................................

5. cortese ...................................................

6. onesto ...................................................

7. abitato ...................................................

8. contento ...................................................

9. fortunato ...................................................

10. articolato ...................................................


**2.** **Forma il contrario degli aggettivi che seguono, aggiungendo**
**il prefisso *"in-"*, *"im-"* o *"ir-"*.**

1. felice ...................................................

2. reale ...................................................

3. soddisfatto .................................................

4. utile .................................................

5. responsabile .................................................

6. compreso .................................................

7. capace .................................................

8. fedele .................................................

9. razionale .................................................

10. condizionato .................................................

11. realizzabile .................................................

12. regolare .................................................

13. possibile .................................................

14. ragionevole .................................................

15. probabile .................................................

**3. "*estraneo* a *Roma*" (r. 1) "*come* in *Africa*" (r. 9)**
**Completa le frasi che seguono inserendo le preposizioni "*a*" o "*in*".**

1. Abito ........... Roma da cinque anni.

2. Hanno deciso di vivere ........... Francia, ........... Parigi.

3. Resterà nella sua casa ........... Toscana per il resto delle vacanze.

4. Prima della fine dell'anno andrò ad abitare ........... Sardegna.

5. Mario abita ........... Sicilia da due anni.

6. Andrò ........... Londra appena potrò.

7. L'estate scorsa sono stata ........... Grecia.

8. Maria è nata ........... America.

9. Quando aveva dieci anni si è trasferita ........... Italia, ........... Milano.

10. Domenica prossima andiamo a fare una gita ........... Siena.

Federico Fellini

# Fare un film *(II)*

1   "Che cos'è Roma?" Tutt'al più posso tentare di dire che cosa penso quando sento
la parola "Roma". Me lo sono spesso domandato. E più o meno lo so. Penso a un
faccione rossastro che assomiglia a Sordi, Fabrizi, la Magnani.[1] Un'espressione resa
pesante e pensierosa da esigenze gastrossessuali. Penso a un terrone bruno, melmoso:
5   a un cielo ampio, sfasciato, da fondale dell'opera, con colori viola, bagliori giallastri, neri, argento; colori funerei. Ma tutto sommato è un volto confortante.
Confortante perché Roma ti permette ogni tipo di speculazione in senso verticale.
Roma è una città orizzontale, di acqua e di terra, sdraiata, ed è quindi la piattaforma
ideale per voli fantastici. Gli intellettuali, gli artisti, che vivono sempre in uno stato
10   di frizione fra due dimensioni diverse – la realtà e la fantasia – trovano qui la spinta
adatta e liberatoria delle loro attività mentali: con il conforto di un cordone ombelicale che li tiene saldamente attaccati alla concretezza. Giacché Roma è una madre,
ed è la madre ideale, perché indifferente. È una madre che ha troppi figli, e quindi
non può dedicarsi a te, non ti chiede nulla, non si aspetta niente. Ti accoglie quando
15   vieni, ti lascia andare quando vai, come il tribunale di Kafka. In questo c'è una
saggezza antichissima; africana quasi; preistorica. Sappiamo che Roma è una città
carica di storia, ma la sua suggestione sta proprio in un che di preistorico, di primordiale, che appare netto in certe sue prospettive sconfinate e desolate, in certi ruderi
che sembrano reperti fossili, ossei, come scheletri di mammut.

---

1   Sordi, Fabrizi, la Magnani: *Alberto Sordi, Aldo Fabrizi, Anna Magnani: famosi attori cinematografici romani.*

• **Dentro al testo**

1. **Dopo aver letto il brano, indica se le seguenti affermazioni sono vere (V) oppure false (F).**

Secondo Fellini, Roma...

a.  è una città verticale                                    V ☐        F ☐

b.  è la madre ideale                                        V ☐        F ☐

c.  non ti chiede nulla                                      V ☐        F ☐

d.  ma si aspetta tutto                                      V ☐        F ☐

e.  ti accoglie quando vieni                                 V ☐        F ☐

f.  non ti lascia andare quando vai                          V ☐        F ☐

g.  è una città carica di storia                             V ☐        F ☐

2. **A chi o a che cosa si riferiscono gli elementi evidenziati, presenti nel testo?**

1.  Me **lo** sono spesso domandato (r. 2)                   ....................................

2.  E più o meno **lo** so (r. 2)                            ....................................

3.  Gli intellettuali (...) trovano **qui** la spinta... (rr. 9-10)   ....................................

4.  delle **loro** attività mentali (r. 11)                  ....................................

5.  cordone ombelicale che **li** tiene attaccati (rr. 11-12)   ....................................

6.  la **sua** suggestione (r. 17)                           ....................................

• **Fuori dal testo**

1. **Nel brano sono presenti diversi connettivi testuali (*quando, perché, quindi, giacché, ma, come*). Nelle frasi che seguono sostituisci i connettivi con le espressioni elencate in fondo all'esercizio.**

1.  Stavo parlando con Mario **quando** ............................... è arrivato Gianni.

2.  Domani avrò l'esame, ma mi sento tranquillo **perché** ............................... ho studiato.

3. La nostra insegnante ama molto la letteratura, e **quindi** ................................. ci fa leggere molto.

4. **Giacché** ............................... sei di quest'idea, forse è meglio non vederci più.

5. Il cielo era limpidissimo, **come** ............................... quello di una giornata estiva.

6. Mi piace molto il cinema, **ma** ............................... questa sera sono troppo stanco per uscire.

*per questo - simile a - ed in quel momento - tuttavia - dato che - visto che*

**2.** **Inserisci le congiunzioni nelle frasi che seguono, scegliendo una tra le tre alternative date.**

1. Disegna pure, ............................... io guardo la televisione.
   a. anche        b. mentre        c. se

2. Mia sorella ha portato al cinema i suoi figli, ............................... farli divertire.
   a. se        b. quando        c. per

3. I suoi genitori si sentirono più tranquilli, ............................... egli arrivò.
   a. quando        b. perciò        c. nonostante

4. Non le è piaciuto il libro ............................... la storia era banale.
   a. benché        b. perché        c. se

5. Ti regaliamo questi cioccolatini ............................... è il tuo compleanno.
   a. perché        b. nonostante        c. perciò

6. Mario ha detto che uscirà con voi ............................... si senta stanco.
   a. perché        b. affinché        c. nonostante

7. Potrai uscire ............................... farai tutti i compiti.
   a. perciò        b. se        c. quindi

8. Nessuno si spaventò ............................... era spesso in ritardo.
   a. perché        b. quindi        c. quando

**3.** Il suffisso peggiorativo "-astro" aggiunto agli aggettivi di colore indica
un colore non ben definito, come nel brano che hai letto: "faccione rossastro"
e "bagliori giallastri". Fai tutti i collegamenti che puoi tra i nomi
e gli aggettivi di colore che seguono.

|  |  |
|---|---|
|  | biancastro |
| cielo | grigiastro |
| mare | nerastro |
| prato | bluastro |
| inchiostro | azzurrastro |
| sole | giallastro |
| asfalto | verdastro |
|  | rossastro |

**4.** "città *orizzontale*" (r. 8) (da orizzonte) / "cordone *ombelicale*" (rr. 11-12)
(da ombelico) / "un che di *primordiale*" (rr. 17-18) (da primordi).
Trascrivi accanto agli aggettivi che seguono i nomi da cui derivano.

1.  Esistenziale ....................................................

2.  Concettuale ....................................................

3.  Sentimentale ....................................................

4.  Emozionale ....................................................

5.  Sensazionale ....................................................

6.  Personale ....................................................

7.  Razionale ....................................................

8.  Fondamentale ....................................................

9.  Essenziale ....................................................

10. Superficiale ....................................................

## Corrado Alvaro

# Roma vestita di nuovo

*In* "Roma vestita di nuovo" *(pubblicato postumo nel 1957), lo scrittore rievoca, attraverso la memoria, le atmosfere di Roma, con un tono più lirico che narrativo.*

1    Roma è la città dove si fa caso alle stagioni, alle giornate, alle ore. Vi badano i monumenti stessi, l'obelisco di San Pietro è una grande meridiana solare. San Pietro è rivolto a oriente non per caso: la cura di segnare le ore e il vento bastano a dirla i misuratori del tempo che si trovano dappertutto, e il lungo rintocco delle ore da
5    campanile a campanile. Non è molti anni, i romani si fermavano con l'orologio in mano ad aspettare che scoccasse mezzogiorno, aspettavano davanti ai marciapiedi dei caffè; la palla di Sant'Ignazio calava lungo la sua antenna a segnare che era mezzogiorno preciso, il cannone sparava sul Gianicolo con un tonfo di porta che sbatte, dalle osterie si levava uno strepito di fritto, la città intera si levava a rumore
10   dopo aver caricato gli orologi, tra un balenìo di assi di carrozze, di occhi di donne, di uniformi militari. Dai sette colli, dalle ville, dalle terrazze del Pincio e della Trinità dei Monti, stavano con gli occhi puntati alla palla di Sant'Ignazio come se dovesse succedere qualche cosa. La facciata di Sant'Ignazio, come tante facciate di travertino, è tutta sbiancata dal vento in alto, ha un colore lunare, mentre in basso il traver-
15   tino è scuro, come la strada immersa nell'ombra. La città, in quest'ombra, faceva uno strepito come se volesse raggiungere il traguardo dove si stende il sole, filtrato e fatto come un umano calore attraverso il giallo e l'arancione dell'intonaco dei palazzi. ( ... ) I primi tempi che mi trovavo a Roma, mi veniva fatto di scappare di casa alle prime avvisaglie della buona stagione, o nell'intervallo dei giorni scuri,
20   quando l'aria si addolcisce all'improvviso come se anche il tempo si stancasse d'essere cattivo; uscivo, e conosco bene l'impressione di non voler perdere nulla di Roma, quello che poi si perderà nella memoria come il piacere e la fanciullezza: la prospettiva che la luce crea fra noi e gli oggetti e che governa la pittura italiana, per cui l'albero è solo, solo l'uomo, solitaria la grandezza umana; noi abbiamo la vita più
25   dissociata, e nello stesso tempo più cordiale e scorrevole che esista in un paese civile. Poiché la luce ci governa a questo modo, si capisce la nostra poca inclinazione al tragico, e si spiega anche l'assenza d'un teatro tragico italiano. Qualunque cosa accada, in un pomeriggio di sole, i romani andranno a spasso a prendere il sole come se non fosse accaduto niente. "Aria che mi sazia!" dice un modo italiano e romano.

• **Voi siete qui!**

Cerca sulla pianta di Roma la Basilica di San Pietro, il Gianicolo e piazza di Sant'Ignazio.

• **Dentro al testo**

**1. Dopo aver letto il brano, rispondi alle seguenti domande, scegliendo tra le alternative date.**

1) Che cosa accadeva a Roma a mezzogiorno?
   a. il cannone del Gianicolo sparava.
   b. la città diventava silenziosa.

2) Come è descritta la facciata di Sant'Ignazio?
   a. la parte alta della facciata è scura, quella bassa è chiara.
   b. la parte alta della facciata è chiara, quella bassa è scura.

3) Che effetto fa il bel tempo sull'autore del brano?
   a. gli viene voglia di uscire.
   b. gli viene voglia di rimanere a casa perché fa troppo caldo.

**2. Trova nel testo le parole che corrispondono alle seguenti definizioni e trascrivile.**

1. Orologio, strumento antico
   che segna le ore (rr. 1-5)                    .........................................

2. Rapida sequenza di immagini
   e luci (rr. 5-10)                             .........................................

3. Materiale da costruzione
   e da rivestimento (rr. 10-15)                 .........................................

4. Sintomi o annunci
   (rr. 15-20)                                   .........................................

5. Appaga, soddisfa pienamente
   (rr. 25-29)                                   .........................................

esercizi

3. **Trova le parole che corrispondono alle seguenti definizioni e riempi lo schema che segue; nella colonna in neretto troverai il nome di uno dei sette colli di Roma.**

1. Il Santo a cui è stata dedicata la chiesa descritta nel brano.

2. Parte della chiesa che "è tutta sbiancata dal vento in alto".

3. Quella della chiesa di Sant'Ignazio calava lungo l'antenna a mezzogiorno.

4. Spara sul Gianicolo a mezzogiorno.

5. Gli italiani hanno poca inclinazione al ........................ .

6. È un elemento che, secondo l'autore, influenza l'arte italiana.

7. A Roma ce ne sono sette.

8. È famoso quello di San Pietro.

9. Serve a misurare il tempo.

Soluzione: ................................................

• **Fuori dal testo**

---

1. *La città faceva uno strepito* come se volesse raggiungere *il traguardo dove si stende il sole...* (rr. 15-16)
   *I romani andranno a spasso a prendere il sole* come se non fosse accaduto *niente.* (rr. 28-29)
   **Inserisci, nelle frasi che seguono, i verbi tra parentesi, coniugandoli al giusto tempo del *congiuntivo*.**

   1. Mi ha insultato, come se (essere) ..................................... io il colpevole.

   2. Si è guardato intorno, come se (perdere) ..................................... qualcosa.

   3. Era distratto, come se non gli (importare) ..................................... niente di quello che stavo dicendo.

   4. Erano felici, come se (vincere) ..................................... al Totocalcio.

   5. Si era vestita bene come se (volere) ..................................... partecipare ad una sfilata di moda.

   6. Si era rivolta a me con un tono violento, come se (rompere) .....................................
      io quel vaso.

2. *Qualunque cosa* accada.... (rr. 27-28)
   **Inserisci, nelle frasi che seguono, i verbi tra parentesi, coniugandoli al giusto tempo del *congiuntivo*.**

   1. Dovunque tu (andare) ..................................... , ti sentirò sempre vicino.

   2. Lei lo sgrida sempre, qualunque cosa lui (fare) ..................................... .

   3. Chiunque lui (essere) ..................................... , non ha il diritto
      di parlare in quel modo.

   4. Qualsiasi cosa tu (dire) ..................................... , non mi farai cambiare idea.

   5. Sarò disponibile in qualsiasi momento tu (avere) .....................................
      bisogno di me.

   6. Qualunque cosa loro (scrivere) ..................................... risponderò.

# scheda

## CHIESA DI SANT'IGNAZIO DI LOYOLA

**Completa il testo che segue con le parole date in fondo in ordine sparso.**

La chiesa, (1) ............................................ per volere del Cardinal Ludovisi nel 1626, si affaccia

sull'omonima piazza, gioiello del Rococò romano e (2) ............…………................... di Filippo

Raguzzini. È dedicata al fondatore della Compagnia di Gesù e, insieme alla chiesa del Gesù,

costituisce il (3) ............................................ dell'area dei Gesuiti a Roma.

L'interno è caratterizzato da stucchi, marmi e dorature: ha una (4) ............................................

a croce latina, con un'abside e molte (5) ............................................ laterali.

Sul soffitto centrale della chiesa si trova, inoltre, un ampio trompe d'oeil, che riproduce e

sostituisce una (6) ............................................ mai realizzata.

*capolavoro - cappelle - cupola - costruita - nucleo - pianta*


## IL GIANICOLO

**Completa il testo che segue con le parole date in fondo in ordine sparso.**

Il Gianicolo è uno dei più famosi e suggestivi (1) ................................ panoramici della città.

Situato al di sopra di Trastevere, offre non soltanto la vista del famoso (2) ................................,

dell'Orto Botanico, di palazzo Corsini e di altri (3) ........................ dall'alto, ma permette

allo sguardo di abbracciare, oltre all'abitato cittadino, le (4) ........................ dei Castelli

Romani. Il Gianicolo ha svolto, nel passato, anche una funzione difensiva nei riguardi della

(5)................................; nel 1849 Garibaldi, a cui sono dedicati numerosi monumenti nel

parco, fronteggiò qui le truppe francesi.

In epoca medievale la maggior parte del colle era (6) ........................ da monasteri e conventi.

(7) ................................, il parco, molto frequentato, ospita spesso spettacoli di marionette

per bambini e non si può ignorare il cannone che ogni giorno, sparando a salve, saluta lo

scoccare di Mezzogiorno.

*punti - colline - oggi - occupata - quartiere - monumenti - città*

# FAI IL PUNTO E VAI AVANTI!

**1. Collega le frasi che seguono agli autori che le hanno scritte.**

A. Tutti i giudizi che puoi aver dato su Roma scompaiono e sai solo che è una fortuna abitarci.

B. Roma è una madre ed è la madre ideale.

C. La famosa spiaggia di Castel Porziano (...) una delle spiagge più vaste e selvagge del Tirreno (...) ancora suggestiva.

D. Roma è una città orizzontale (...) ed è quindi la piattaforma ideale per voli fantastici.

E. Gli intellettuali, gli artisti (...) trovano qui la spinta adatta alle loro attività mentali.

F. Roma è la città dove si fa caso alle stagioni, alle giornate, alle ore.

FEDERICO FELLINI .................................................

CORRADO ALVARO .................................................

MICHELE SERRA .................................................

**2. Inserisci nelle frasi che seguono le parole riportate in fondo alla pagina in ordine sparso.**

1. (La Cappella Sistina è) un monumento ................................. a un totemico

   e rovinoso .................................: il peccato.              (*A. Baricco*)

2. Per trecentosessantaquattro giorni all'anno puoi restare completamente

   ................................. a Roma come città, viverla senza ................................., o peggio,

   sopportarla con ................................. .              (*F. Fellini*)

3. ................................. è anche Torvaianica (...) in un'alternanza quasi .................................

   di vecchie insegne e nuovi neon.              (*M. Serra*)

4. È una Roma ................................. , ................................. e ................................. , (...)

   quella che io percorro ................................. senza più i miei amici.              (*P.V. Tondelli*)

*piovosa - incubo - solitario - vederla - ibrida - fredda - bagnata - estraneo - ossessivo - fastidio - grottesca*

# esercizi

**3.** **Ricomponi le frasi spezzate collegando ogni elemento del gruppo A con un elemento del gruppo B.**

A

1. I suoni del mattino ridotti

2. ... è un'atmosfera sonora, una eco che

3. È una Roma invernale (...) quella

4. Penso ad un terrone bruno (...) ad un cielo ampio (...) con

5. ... dalle osterie si levava uno strepitio di fritto, la città intera si

6. Meraviglioso

7. La città in quest'ombra faceva uno strepito come se

B

a. ti vibra attorno magicamente. (Fellini)

b. la cui luce si spegne (Tondelli)

c. colori viola, bagliori giallastri, neri, argento (Fellini)

d. ad un gorgoglio. (Starnone)

e. canto di Roma. (Tondelli)

f. levava a rumore dopo aver caricato gli orologi. (Alvaro)

g. volesse raggiungere il traguardo dove si stende il sole (Alvaro)

# la città difficile

Povero come un gatto del Colosseo
vivevo in una borgata tutta calce
e polverone, lontano dalla città

e dalla campagna, stretto ogni giorno
in un autobus rantolante:
e ogni andata, ogni ritorno

era un calvario di sudore e di ansie.
Lunghe camminate in una calda caligine,
lunghi crepuscoli davanti alle carte

ammucchiate sul tavolo, tra strade di fango,
muriccioli, casette bagnate di calce
e senza infissi, con tende per porte...

Passavano l'olivaio, lo straccivendolo,
venendo da qualche altra borgata,
con l'impolverata merce che pareva

frutto di furto, e una faccia crudele
di giovani invecchiati tra i vizi
di chi ha una madre dura e affamata.

*Pier Paolo Pasolini*
da "Le ceneri di Gramsci"

# Gli anni '30
# e la guerra

# Clara Sereni

# Il gioco dei regni

*A metà tra realtà e fantasia, il romanzo racconta le vicende di tre generazioni di una famiglia, realmente esistita, passata attraverso i grandi eventi e sconvolgimenti di questo secolo, dai moti rivoluzionari in Russia fino ai primi insediamenti di ebrei europei in Palestina, senza tralasciare le due guerre mondiali, la dittatura fascista, i lager nazisti.*

1  Per lo sgombero furono offerti molti aiuti, ma Alfonsa non voleva mani estranee fra le sue cose. Lello[1] si preoccupava della sua fatica, e ai libri provvide lui stesso. Ermelinda[2] guardava al nuovo, e le faceva coraggio: ma per Alfonsa lasciare via Cavour era costringersi a nascere un'altra volta, uno strapazzo troppo più grande
5  della vitalità che le rimaneva.
Per la nuova casa di viale XXI Aprile Angelo[3] e Lello si ritrovavano per ore, chini sulle carte; Ermelinda progettava il giardino, con balaustre e fontane e piastrelle: pensando ai bambini che sarebbero venuti, era una gara a immaginarsi migliorie, e benessere.
Un appartamento per ciascun figlio, per quei figli che avevano cominciato già a farli
10  nonni, ed anche Ermelinda e Angelo avrebbero avuto il loro: l'unità della famiglia non era in discussione, malgrado Napoli e la Palestina.[4]
Ma mai più come prima, nella casa di via Cavour sventrata per maggior gloria dell'Impero[5]: e intanto, fra l'una e l'altra delle case, la pena supplementare di un abitare provvisorio, per le demolizioni c'era una fretta da cui non si poteva ripararsi.
15  Arrivati in via Sommacampagna, Finimola[6] non ci si ritrovava, troppo stanca e invecchiata anche lei per abituarsi a spazi nuovi e nuove incombenze. Alfonsa cercò chi l'aiutasse ma Finimola senza guardarla diceva no con la testa, no a quel mondo troppo cambiato, no all'alito di pena che si posava sugli abiti degli assenti e sui libri, no al suo stesso nome che era ormai, sui documenti, diverso.
20  Restò per l'estate, per le figlie di Enzo e di Mimmo e di Enrico in visita dai nonni: ma Alfonsa la sapeva ormai provvisoria.
Come tutto il resto, d'altronde.

---

1  Lello: *marito di Alfonsa.*
2  Ermelinda: *sorella di Alfonsa.*
3  Angelo: *fratello di Lello.*
4  la Palestina: *i protagonisti sono ebrei; i figli di Alfonsa non vivono a Roma: due sono a Napoli ed uno si trova in Palestina.*
5  per maggior gloria dell'Impero: *per costruire via dei Fori Imperiali, Mussolini fece abbattere molte case.*
6  Finimola: *cameriera. Il suo nome indica la volontà del padre di lei di non volere più figli (lei era la settima figlia; "finimola" è l'espressione romanesca per "finiamola", "smettiamola").*

- **Voi siete qui!**

**Quali strade di Roma sono citate nel brano? Cercale sulla pianta della città.**

- **Dentro al testo**

**1.** **Dopo aver letto il brano, indica se le seguenti affermazioni
sono vere (V) oppure false (F).**

1. Alfonsa era contenta di lasciare via Cavour.     V ☐      F ☐

2. Per il trasloco Alfonsa aveva chiesto aiuto
   a degli estranei.     V ☐      F ☐

3. Ermelinda ed Angelo avrebbero avuto
   un loro appartamento.     V ☐      F ☐

4. La casa di via Cavour sarebbe stata demolita per lasciare spazio
   ad abitazioni più moderne.     V ☐      F ☐

5. La casa in via Sommacampagna era una casa
   provvisoria.     V ☐      F ☐

6. Alla fine dell'estate Finimola lasciò il suo lavoro
   di domestica.     V ☐      F ☐

**2.** **Trova nel brano le parole che corrispondono alle seguenti definizioni e trascrivile.**

1. Trasloco (rr. 1-5)     ...................................................

2. Grande fatica (rr. 1-5)     ...................................................

3. Piegati (rr. 5-10)     ...................................................

4. Miglioramenti (rr. 5-10)     ...................................................

5. Distrutta, demolita (rr. 10-15)     ...................................................

6. Ulteriore (rr. 10-15)     ...................................................

7. Impegni, compiti (rr. 15-20)     ...................................................

# esercizi

3. **A chi o che cosa si riferiscono gli elementi sottolineati che seguono, presenti nel testo?**

1. le **sue** cose (r. 2) ..................................................

2. della **sua** fatica (r. 2) ..................................................

3. **le** faceva coraggio (r. 3) ..................................................

4. **le** rimaneva (r. 5) ..................................................

5. il **loro** (r. 10) ..................................................

6. non **ci** si ritrovava (r. 15) ..................................................

7. senza guardar**la** (r. 17) ..................................................

8. al **suo** stesso nome (r. 19) ..................................................

9. **la** sapeva provvisoria (r. 21) ..................................................

• **Fuori dal testo**

1. **Inserisci nel testo che segue le parole date in ordine sparso in fondo all'esercizio.**

I due ragazzi camminarono (1) .............................. percorrendo il sentiero che costeggiava la montagna. Erano (2) .............................. stanchi e tristi perché sapevano che non sarebbero (3) .............................. tornati in quel luogo. (4) .............................. di dirigersi verso il paese, si voltarono (5) .............................. verso la valle ad ammirare il tramonto; (6) .............................. la luce diventava sempre più fioca ed i contorni degli alberi si confondevano con l'orizzonte.

*un'altra volta - per ore - mai più - prima - intanto - ormai*

2. **"Arrivati** *in via Sommacampagna, Finimola non ci si ritrovava***" (r. 15) (= dopo che furono arrivati...)**
   **Trasforma le frasi dalla forma implicita a quella esplicita come nell'esempio:**
   **Es.: Dato l'esame, ti restituirò i libri.**
   **Quando avrò dato l'esame, ti restituirò i libri.**

1. Installata la caldaia, avremo l'acqua calda.

..................................................................................

2.    Fatto il trasloco, cominciarono a mettere in ordine.

.............................................................................................................

3.    Finiti i lavori, potremo abitare nella nuova casa.

.............................................................................................................

4.    Pubblicati i suoi libri, lo scrittore divenne famoso.

.............................................................................................................

5.    Fatta la spesa, puoi passare un momento a casa mia?

.............................................................................................................

6.    Consultata la bibliografia, si accorse di aver scritto male il titolo del libro.

.............................................................................................................

7.    Condannato all'ergastolo, l'uomo decise di chiedere la grazia al Presidente della Repubblica.

.............................................................................................................

8.    Concluso l'incontro con i giornalisti, il Presidente del Consiglio si è recato a Bruxelles.

.............................................................................................................

9.    Vinta la regata, l'equipaggio andò a festeggiare.

.............................................................................................................

# Miriam Mafai

# Pane nero

*Con un collage di testimonianze e di narrazione, attraverso la vita di alcune donne italiane, Miriam Mafai racconta la seconda guerra mondiale dal 10 giugno 1940 al 1° maggio 1945. Nella prefazione l'autrice spiega che, nei colloqui con le protagoniste, ciò che la colpì fu che tutte "dicessero ad un certo punto, come sovrappensiero: ... 'però, in fondo, è stato bello'". Naturalmente non il conflitto e non le morti, ma quel senso di autonomia e di autodeterminazione che provarono le donne rimaste a casa e costrette a prendere il posto dei loro uomini nella vita quotidiana, nella gestione del lavoro e della famiglia.*

1    La ricerca del cibo divenne, in quella primavera del 1944, l'unica attività delle donne, a Roma. A Campo dei Fiori, alla Garbatella, al Prenestino, le madri di famiglia formavano spontaneamente dei gruppi e andavano ad assaltare i forni. Un forno di via dei Giubbonari venne svuotato: c'erano sacchi di farina dappertutto. Le donne
5    sfondarono la porta, e prima che arrivasse la polizia ognuna era scappata con il grembiule colmo, la borsa piena, qualunque recipiente era buono per portarsi a casa la farina. La fame accendeva il desiderio di cibi solidi e robusti: dalle parti di Santa Maria Maggiore venne svaligiato un deposito di fagioli, ceci e favette. Il confine tra legalità e illegalità, tra protesta antifascista e la necessità di dare soddisfazione ai
10    bisogni più elementari, si faceva sempre più esile. Tutto era lecito pur di procurarsi da mangiare, pur di portare a casa qualche sigaretta per gli uomini che vi stavano rinchiusi ormai da mesi, e che nei loro nascondigli si rodevano l'anima nell'impotenza, vedendo le loro donne affannarsi, uscire, cercare, tornare tutti i giorni con un bottino più magro.
15    "Tutte le mattine andavo al mercato del Trionfale. Cercavo le cipolle perché con le cipolle si cucina tutto, anche senza olio. Ma dopo che avevi fatto la fila, magari per ore, le cipolle erano finite, e allora ti rimettevi in fila a un altro banco e comperavi quello che c'era, i peperoni o i pomodori. Si andava avanti così tutta la mattina. Certe volte uscivo prima delle sette e tornavo a casa alle tre. Una volta, al mercato
20    di via del Lavatore, trovai solo sanguinaccio.[1] A me faceva schifo, ma la bambina lo mangiò. Così tutti i giorni tornavo lì, dietro piazza di Trevi, per comprare quel sangue rappreso, che mi faceva schifo pure a toccarlo."
"Non è vero che se avevi la pancia ti facevano passare avanti. Forse a qualcuna sarà

---

1    sanguinaccio: *dolce tipico dell'Italia meridionale a base di sangue di maiale.*

successo, a me no. Non ti dico com'erano ridotte le mie scarpe, e per le gambe avevo
25  come uno sfogo che non capivo cos'era. Poi mi dissero che era per la mancanza di
vitamine. Alla bambina avevo fatto delle scarpe con un vecchio cappello di feltro
di mio marito. Ma i bambini io non sapevo dove lasciarli. E allora me li dovevo
portare con me la mattina a fare la spesa, con la pancia e due bambini piccolissimi
che non stavano fermi e cercavano di scappare. E se uno scappava io lo dovevo
30  andare a riprendere, ma quando l'avevo acchiappato e tornavo indietro, non mi
facevano mica riprendere il mio posto nella fila. Mi dovevo mettere di nuovo in
fondo. La guerra è pure così, tanto egoismo…" (…)
Il 12 marzo migliaia di romani si riunirono a piazza San Pietro, in attesa della benedizione papale. Ci sono tante donne, con i bambini in collo o per mano. Quando il
35  papa si affaccia, così bianco e lontano, qualcuno grida: "Pace, pace!" Poi, sotto gli
occhi stupiti e cattivi dei tedeschi e della polizia fascista, un corteo lascia la piazza,
imbocca il ponte, attraversa gridando "Pace, pace!" tutto corso Vittorio. Verrà
sciolto, dalla polizia a cavallo, soltanto all'altezza dell'Argentina.[2]

2   dell'Argentina: *di Largo di Torre Argentina.*

- **Voi siete qui!**

1. Cerca sulla pianta di Roma: Campo dei Fiori, la Garbatella, il Prenestino, via dei Giubbonari, Santa Maria Maggiore, il quartiere Trionfale, Piazza di Trevi, Piazza San Pietro, corso Vittorio e Largo di Torre Argentina.

2. Segui sulla pianta di Roma il percorso del corteo che partì il 12 marzo 1944 da piazza San Pietro.

- **Dentro al testo**

1. Dopo aver letto il brano, completa le frasi seguenti scegliendo fra le alternative date quella giusta.

1. Le donne romane per preparare il pane talvolta...

   a. comperavano la farina.

   b. facevano lunghe file davanti ai forni.

   c. rubavano la farina.

2. Molti uomini erano nascosti nelle case...

   a. perché non volevano lavorare.

   b. perché avevano paura di essere arrestati dai tedeschi.

   c. perché stavano volentieri a casa.

3. La prima donna al mercato comprava...

   a. tutto quello che trovava.

   b. solo carne.

   c. frutta e verdura.

4. La seconda donna dice che aspettava un bambino e ...

   a. la facevano passare avanti.

   b. doveva fare la fila come tutti.

   c. c'era una fila speciale per le donne in gravidanza.

**2. Rimetti in ordine le azioni ed i fatti del testo che hai appena letto.**

a. l'assalto ai forni

b. il racconto della seconda donna

c. il corteo del 12 marzo 1944

d. l'assalto al deposito di ceci, fave e fagioli

e. il racconto della prima donna

*Sequenza:* ......... ......... ......... ......... .........

**3. Cerca nel testo le parole che hanno significato equivalente a quelle che seguono e trascrivile.**

1. assalire (rr. 1-5)                      ...................................................

2. piena (rr. 5-10)                        ...................................................

3. svuotato (rr. 5-10)                     ...................................................

4. si tormentavano (rr. 10-15)            ...................................................

5. affaticarsi (rr. 10-15)                ...................................................

6. se aspettavi un bambino (rr. 20-25)    ...................................................

7. preso (rr. 25-30)                       ...................................................

**4. Volgi al *passato* l'ultima parte del brano (rr. 34-39)**

Il 12 marzo migliaia di romani si riunirono a piazza San Pietro, in attesa della benedizione

papale. (1) ............................................. tante donne, con i bambini in collo o per mano.

Quando il papa (2) ............................................., così bianco e lontano, qualcuno

(3) ............................................. : "Pace, pace!". Poi, sotto gli occhi stupiti e cattivi dei tedeschi

e della polizia fascista, un corteo (4) ............................... la piazza, (5) ...............................

il ponte, (6) ............................... gridando "Pace, pace!" tutto corso Vittorio. Sarebbe

stato sciolto, dalla polizia a cavallo, soltanto all'altezza dell'Argentina.

• **Fuori dal testo**

1. **"Un forno...** *venne* **svuotato"(rr. 3-4) / "...** *venne* **svaligiato un deposito di fagioli..."(r. 8)**
   **Trasforma le seguenti frasi nella forma passiva usando il verbo "*venire*".**

1. Le donne cercavano il cibo tutto il giorno.

   ...............................................................................................................

2. Le donne rubavano la farina, i fagioli ed i ceci.

   ...............................................................................................................

3. Per assaltare i forni ed i depositi formavano dei gruppi e sfondavano le porte.

   ...............................................................................................................

4. Gli uomini, nascosti nelle case, osservavano le loro mogli cercare il cibo.

   ...............................................................................................................

5. Spesso le donne facevano la fila per ore davanti alle bancarelle del mercato.

   ...............................................................................................................

6. I romani, riuniti in Piazza San Pietro, organizzarono un corteo.

   ...............................................................................................................

Elsa Morante

# La Storia *(I)*

*In un'alternanza di notizie storiche e di narrazione, Elsa Morante, nel romanzo "La Storia"*
*racconta la vita di una donna e dei suoi due figli dal 1941 al 1947 in una Roma attraversata*
*dai rifugiati alla ricerca di cibo e di alloggio e sconvolta dal bombardamento di San Lorenzo.*
*Nel brano che segue, la protagonista, Ida Mancuso, maestra elementare, e suo figlio Useppe*
*sono andati al mercato; tornano a casa e dallo Scalo Merci si dirigono verso via dei Volsci*
*quando, improvvisamente, il quartiere di San Lorenzo viene bombardato. È il 19 luglio 1943.*

1 Una di quelle mattine Ida, con due grosse sporte al braccio, tornava dalla spesa
tenendo per mano Useppe. Faceva un tempo sereno e caldissimo. Secondo un'abitudine presa in quell'estate per i suoi giri dentro al quartiere, Ida era uscita, come
una popolana, col suo vestito di casa di cretonne stampato a colori, senza cappello,
5 le gambe nude per risparmiare le calze e ai piedi delle scarpe di pezza con alta suola
di sughero. Useppe non portava altro addosso che una camiciolina quadrettata
stinta, dei calzoncini rimediati di cotone turchino, e due sandaletti di misura eccessiva
(perché acquistati col criterio della crescenza) che ai suoi passi sbattevano sul selciato
con un ciabattio. In mano, teneva la sua famosa pallina Roma (la noce Lazio durante
10 quella primavera era fatalmente andata perduta).
Uscivano dal viale alberato non lontano dallo Scalo Merci, dirigendosi in via dei
Volsci, quando, non preavvisato da nessun allarme, si udì avanzare nel cielo un
clamore d'orchestra metallico e ronzante. Useppe levò gli occhi in alto, e disse:
"Lioplani". E in quel momento l'aria fischiò, mentre già in un tuono enorme tutti
15 i muri precipitavano alle loro spalle e il terreno saltava d'intorno a loro, sminuzzato
in una mitraglia di frammenti.
"Useppe! Useppeee!" urlò Ida, sbattuta in un ciclone nero e polveroso che impediva
la vista: "Ma', sto qui", le rispose, all'altezza del suo braccio, la vocina di lui, quasi
rassicurante. Essa lo prese in collo, e in un attimo le ribalenarono nel cervello gli
20 insegnamenti dell'UNPA (Unione Nazionale Protezione Antiaerea) e del
Capofabbricato: che, in caso di bombe, conviene stendersi al suolo. Ma invece il
suo corpo si mise a correre senza direzione. Aveva lasciato cadere una delle sue
sporte, mentre l'altra, dimenticata, le pendeva ancora al braccio, sotto il culetto
fiducioso di Useppe. Intanto, era incominciato il suono delle sirene. Essa, nella sua
25 corsa, sentì che scivolava verso il basso, come avesse i pattini, su un terreno rimosso
che pareva arato, e che fumava. Verso il fondo, essa cadde a sedere con Useppe
stretto fra le braccia. Nella caduta, dalla sporta le si era riversato il suo carico di

ortaggi, fra i quali, sparsi ai suoi piedi, splendevano i colori dei peperoni, verde, arancione e rosso vivo.

30  Con una mano, essa si aggrappò a una radice schiantata, ancora coperta di terriccio in frantumi, che sporgeva presso di lei. E assestandosi meglio, rannicchiata intorno a Useppe, prese a palparlo febbrilmente in tutto il corpo, per assicurarsi ch'era incolume. Poi gli sistemò sulla testolina la sporta vuota come un elmo di protezione. Si trovavano in fondo a una specie di angusta trincea, protetta nell'alto, come da
35  un tetto, da un grosso tronco d'albero disteso. Si poteva udire in prossimità, sopra di loro, la sua chioma caduta agitare il fogliame in un gran vento. Tutto all'intorno, durava un fragore fischiante e rovinoso, nel quale, fra scrosci, scoppiettii vivaci e strani tintinnii, si sperdevano deboli e già da una distanza assurda voci umane e nitriti di cavalli. Useppe, accucciato contro di lei, la guardava in faccia, di sotto la
40  sporta, non impaurito, ma piuttosto curioso e soprapensiero. "Non è niente", essa gli disse, "Non aver paura. Non è niente". Lui aveva perduto i sandaletti ma teneva ancora la sua pallina stretta nel pugno. Agli schianti più forti, lo si sentiva appena appena tremare.

"Niente..." diceva poi, fra persuaso e interrogativo.
45  I suoi piedini nudi si bilanciavano quieti accosto a Ida, uno di qua e uno di là. Per tutto il tempo che aspettarono in quel riparo, i suoi occhi e quelli di Ida rimasero, intenti, a guardarsi. Lei non avrebbe saputo dire la durata di quel tempo. Il suo orologetto da polso si era rotto; e ci sono delle circostanze in cui, per la mente, calcolare una durata è impossibile.

• **Voi siete qui!**

    Cerca sulla cartina lo Scalo Merci e via dei Volsci.

• **Dentro al testo**

**1.** **Dopo aver letto il brano, indica se le seguenti affermazioni sono vere (V) oppure false (F).**

| | | | |
|---|---|---|---|
| 1. | Ida ha appena fatto la spesa. | V ☐ | F ☐ |
| 2. | Dopo lo scoppio della bomba, Ida si mette a correre. | V ☐ | F ☐ |
| 3. | Durante la corsa, Ida perde le scarpe. | V ☐ | F ☐ |
| 4. | Useppe grida per lo spavento. | V ☐ | F ☐ |
| 5. | Ida e Useppe rimangono al riparo per un'ora. | V ☐ | F ☐ |

**2.** **Il brano inizia con la descrizione dell'abbigliamento di Ida e Useppe. Collega ogni elemento della colonna di sinistra con uno della colonna di destra.**

| | |
|---|---|
| i sandaletti | di misura eccessiva |
| i calzoncini | quadrettata |
| la suola | di cretonne |
| il vestito | di pezza |
| le scarpe | di sughero |
| la camiciolina | di colore turchino |

**3.** **Completa il testo che segue, tratto dal brano che hai letto, coniugando i verbi mancanti all'*imperfetto* o al *passato remoto*. Rileggi il brano solo alla fine per controllare se hai fatto errori.**

(Ida e Useppe - uscire) ............................... dal viale alberato non lontano dallo Scalo Merci,

dirigendosi in via dei Volsci, quando, non preavvisato da nessun allarme, (udirsi)

................................. avanzare nel cielo un clamore d'orchestra metallico e ronzante.

Useppe (levare) ................................. gli occhi in alto e (dire) .................................: "Lioplani".

E in quel momento l'aria (fischiare) .............................................., mentre già in un tuono enorme

tutti i muri (precipitare) ...................................... alle loro spalle e il terreno (saltare)

.................................... d'intorno a loro, sminuzzato in una mitraglia di frammenti.

"Useppe! Useppeee!" (urlare) ...................................... Ida, sbattuta in un ciclone nero e

polveroso che (impedire) .............................. la vista: "Ma', sto qui", le (rispondere)

...................................., all'altezza del suo braccio, la vocina di lui, quasi rassicurante.

Essa lo (prendere) .......................................... in collo, e in un attimo le (ribalenare)

.............................. nel cervello gli insegnamenti dell'UNPA e del Capofabbricato: che, in

caso di bombe, conviene stendersi al suolo. Ma invece il suo corpo (mettersi)

...................................... a correre senza direzione.

**4. A chi o a che cosa si riferiscono gli elementi evidenziati che seguono, presenti nel testo?**

1. i **suoi** giri (r. 3) ...........................................................

2. col **suo** vestito (r. 4) ...........................................................

3. i **suoi** passi (r. 8) ...........................................................

4. la **sua** famosa pallina (r. 9) ...........................................................

5. alle **loro** spalle (r. 15) ...........................................................

6. **le** rispose (r. 18) ...........................................................

7. **lo** prese in collo (r. 19) ...........................................................

8. **le** ribalenarono (r. 19) ...........................................................

9. il **suo** corpo (r. 22) ...........................................................

10. **le** si era riversato (r. 27) ...........................................................

11. prese a palpar**lo** (r. 32) ...........................................................

12. **gli** sistemò (r. 33) ...........................................................

13. la **sua** chioma (r. 36) ...........................................................

14. **la** guardava (r. 39) ...........................................................

15. **lo** si sentiva (r. 42) ...........................................................

**5.** **Trova nel testo le parole che hanno significato equivalente a quelle che seguono e trascrivile.**

1.  borse (rr. 1-5) .............................................................

2.  stoffa (rr. 1-5) .............................................................

3.  scolorita (rr. 5-10) .............................................................

4.  alzò (rr. 10-15) .............................................................

5.  piccoli pezzi (rr. 15-20) .............................................................

6.  a terra (rr. 20-25) .............................................................

7.  rovesciato (rr. 25-30) .............................................................

8.  sistemandosi (rr. 30-35) .............................................................

9.  toccarlo (rr. 30-35) .............................................................

10. chiusa (rr. 40-45) .............................................................


• **Fuori dal testo**


**1.** "il vestito *di* cretonne" (r. 4) / "le scarpe *di* pezza" (r. 5) / "la suola *di* sughero" (rr. 5-6) / "sbattevano sul selciato *con* un ciabattio" (rr. 8-9) / "la vocina *di* lui" (r. 18) / "cadde a sedere *con* Useppe" (r. 26) **Completa le frasi che seguono inserendo le preposizioni *di* e *con*.**

1.  Sto bene ................... te.

2.  Oggi ho comprato un vestito ................... lana.

3.  Mi piacciono molto le statue ................... marmo.

4.  Ogni lunedì vado al cinema ................... i miei amici.

5.  Ho comprato un divano ................... pelle.

6.  Disegna ................... passione.

7.  L'automobile ................... mio padre è rotta.

8.  Questo appartamento è ................... suo zio.

9.  Devi lavorare ................... maggiore impegno.

10. Vado sempre al mare ................... Giovanni.

**2.** **"i *suoi* giri"** (r. 3) / **" col *suo* vestito di casa"** (r. 4)
**Completa le frasi utilizzando l'aggettivo possessivo appropriato.**

1. Ha cercato a lungo la .................... borsa prima di uscire, ma senza trovarla.

2. Mario scrive ai .................... genitori ogni giorno.

3. Ho perso la .................... tessera scendendo dall'autobus.

4. Mi dispiace Luca, ma non credo proprio che il .................... lavoro sia terminato.

5. Pensate sempre e soltanto ai .................... interessi.

6. Sono ragazzi simpatici, ma non sempre rispettano i .................... impegni.

7. Ognuno di noi difende la .................... famiglia.

8. Non è uno scrittore famoso, ma i .................... libri sono interessanti.

9. Dopo il lavoro tutti gli operai tornarono alle .................... case.

10. Cercherò di realizzare i .................... sogni.

**3.** **"... *non* portava altro addosso *che* una camiciolina..."** (r. 6) (= portava solo...)
**Trasforma le frasi che seguono come nell'esempio:**

**Es.:** È a dieta: mangia solo verdure e frutta.
È a dieta: non mangia altro che verdure e frutta.

1. Quando aspettava un bambino metteva solo vestiti larghi.

   ........................................................................................................

2. L'anno scorso leggevo solo libri d'avventura.

   ........................................................................................................

3. Quando voglio rilassarmi sento solo musica classica.

   ........................................................................................................

4. In TV guardava solo il telegiornale.

   ........................................................................................................

5. Era un problema parlare con lui: conosceva solo la sua lingua.

   ........................................................................................................

4. "*nitriti* di cavalli" (r. 39)
   Completa la griglia che segue con i versi degli animali ed i verbi corrispondenti
   (all'*infinito* e alla terza persona singolare del *presente indicativo*).

1. cavallo         nitrito         .................................      .................................

2. elefante      .................................      barrire        .................................

3. cane          abbaio        .................................      .................................

4. gatto        .................................      .................................      miagola

5. mucca       muggito      .................................      .................................

6. maiale      .................................      .................................      grugnisce

7. pecora      .................................      belare       .................................

8. topo          squittio      .................................      .................................

9. leone        .................................      ruggire      .................................

10. uccello     .................................      .................................      cinguetta

5. Trova i nomi di frutta e verdura nascosti nel diagramma (in orizzontale e in
   verticale) ed elencati di seguito.
   Le lettere rimaste libere formeranno un famoso proverbio.

| A | F | R | A | G | O | L | E | F | R | U | T | T | A |
|---|---|---|---|---|---|---|---|---|---|---|---|---|---|
| R | A | S | P | A | R | A | G | I | N | A | M | E | N |
| A | G | L | O | V | E | R | D | U | R | A | P | A | G |
| N | I | A | M | E | L | A | N | Z | A | N | E | L | U |
| C | O | C | O | M | E | R | I | G | I | A | R | O | R |
| I | L | R | D | N | N | B | A | N | A | N | E | O | I |
| A | I | T | O | R | T | A | G | G | I | A | M | O | E |
| P | M | I | R | T | I | L | L | I | G | S | O | L | M |
| R | O | I | I | E | C | E | C | I | C | O | R | I | E |
| U | N | I | L | M | C | E | D | R | I | B | E | S | L |
| G | I | F | I | C | H | I | M | E | L | E | I | C | O |
| N | O | D | S | P | I | N | A | C | I | I | T | O | N |
| E | R | N | O | P | E | S | C | H | E | K | I | W | I |

*segue* ▶

◀ *segue*

| | | | |
|---|---|---|---|
| ANANAS | COCOMERI | LIMONI | PERE |
| ANGURIE | FAGIOLI | MELANZANE | PESCHE |
| ARANCIA | FICHI | MELE | POMODORI |
| ASPARAGI | FRAGOLE | MELONI | PRUGNE |
| BANANE | FRUTTA | MIRTILLI | RIBES |
| CECI | KIWI | MORE | SPINACI |
| CICORIE | LENTICCHIE | ORTAGGI | VERDURA |

U…… ………… …… ………………… ……………

…… …………………… …… …… …………………

6. **Descrivi l'abbigliamento delle persone nelle foto.**

1

2

3

FOTO 1

...................................................................................................................................

...................................................................................................................................

...................................................................................................................................

...................................................................................................................................

FOTO 2

...................................................................................................................................

...................................................................................................................................

...................................................................................................................................

...................................................................................................................................

FOTO 3

...................................................................................................................................

...................................................................................................................................

...................................................................................................................................

...................................................................................................................................

# scheda

## SAN LORENZO

**Completa il testo con le parole date in fondo in ordine sparso.**

San Lorenzo è il quartiere che si trova (1) .............................. all'Università "La Sapienza" e che contiene, al suo interno, la (2) ........................ di San Lorenzo fuori le mura e il cimitero monumentale del Verano.

Fu (3) ........................................ alla fine del 1800 e venne gravemente danneggiato durante il (4) ........................................ del 19 luglio 1943.

Da alcuni anni è una delle zone più vive di Roma. La sera gli studenti si riuniscono nelle (5) ........................................ e nei locali.

*costruito - pizzerie - accanto - bombardamento - basilica*

## CARCIOFI ALLA ROMANA (per 4 persone)

**Ora ti proponiamo una tipica *ricetta* della cucina romana che potresti gustare in una delle osterie di San Lorenzo.**
**Per poterla sperimentare, però, dovrai prima inserire al posto giusto i verbi elencati in fondo alla pagina.**
**I verbi sono all'infinito: prima di inserirli, coniugali all'*imperativo 2a persona singolare*.**

Ingredienti:     8 carciofi         sale
                    aglio              pepe
                    prezzemolo      olio
                    mentuccia       vino bianco secco

(1) ........................................ le foglie più dure ai carciofi, (2) .............................. il gambo lasciando solo la parte più tenera.

(3) ........................................ poi ogni carciofo per farvi entrare l'aglio e la mentuccia tritati, poco sale ed un po' di pepe.

(4) ........................................ i carciofi in una pentola di terracotta ben stretti tra loro e con le foglie verso l'alto e (5) ........................................li con olio abbondante.

(6) ........................................ la pentola sul fuoco moderato e, dopo qualche minuto di cottura, (7) ........................................li con due bicchieri di vino bianco secco diluito con mezzo bicchiere d'acqua.

(8) ........................................ la pentola e (9) ........................................ la cottura sul fuoco lento per circa un'ora.

Trascorso questo tempo, (10) ........................................ i carciofi su di un vassoio insieme alla loro salsetta.

*continuare - bagnare - disporre - mettere - togliere - aprire - innaffiare - spuntare - mettere - coprire*

# Gli anni '50: le periferie in cammino

Pier Paolo Pasolini

# Una vita violenta

*È la storia di un ragazzo che nella borgata di Pietralata conosce le durezze della vita. Pagherà con la morte la buona azione che compie per salvare una famiglia durante un'inondazione.*

1   A Tommaso appoggiarono due ragazzetti, uno di tre quattr'anni, e uno di sei: il più piccoletto lo portava a cavacecio, l'altro per mano. Erano due ragazzini buoni buoni, che chissà quante ne avevano passate, ormai, e avevano una faccia pensierosa come due vecchietti. Carucci, erano carucci: s'assomigliavano perché erano fratelli, con
5   la zazzeretta nera mezza riccia e gli occhi grandi neri: ma il musetto l'avevano pallido e serio.
Camminarono un po' in silenzio, con le scarpe che affondavano nella melma: poi il più grossicello sollevò la faccina dal bavero rialzato del cappottino, vecchio a pezzi, ma ancora elegante, e guardò in su verso Tommaso.
10   - E mo' nun ce l'avemo più casa![1] - disse - Indò ce mandano?[2]
- Eh, - fece Tommaso, - dar freddo nun c'è morto mai nissuno, nun ce pensà![3]
- Pure la casa de Franco, s'è allagata? - chiese il ragazzino dopo averci studiato un po'.
- Nun lo conosco 'sto[4] Franco, - rispose Tommaso, - ma si abbita qui, pure la sua,
15   de casa nun s'è salvata,[5] sta tranquillo!
- Nun me strigne er collo,[6] - disse a quello più piccoletto, che gli stava aggrappato sulla schiena.
- Noi perché c'avemo[7] le case basse, - continuava intanto l'altro, pensandoci sopra, - quelli c'hanno le case alte, nun je ce va,[8] l'acqua!
20   - A ragazzì, mannaggia, nun me strigne er collo, t'ho detto! - gridò Tommaso.
Piano piano arrivarono a Pietralata, con la pioggia a vento che si scatenava, come cominciasse allora. Portarono quelli delle baracche, per il momento, alla sede del

---

1   E mo' nun ce l'avemo più casa: *romanesco: ed ora non abbiamo più una casa.*
2   Indo' ce mandano?: *roman.: dove ci mandano?*
3   Dar freddo nun c'è morto mai nissuno, nun ce pensà: *roman.: di freddo non è morto mai nessuno, non pensarci.*
4   'sto: *roman.: questo*
5   si abbita qui, pure la sua, de casa nun s'è salvata: *roman.: se abita qui, anche la sua, di casa non si è salvata.*
6   Nun me strigne er collo: *roman.: non mi stringere il collo.*
7   c'avemo: *roman.: abbiamo*
8   nun je ce va: *roman.: non ci va.*

partito: mezza allagata pure questa. La gente ci capeva[9] appena, seduta sulle panche, le donne con le creature in braccio: tutti piangevano, si disperavano, mentre, di
25 fuori, si sentivano sempre più forti gli sgrulloni di pioggia e i tuoni.

"Che, è la fine der mondo?" pensò Tommaso, guardando la scena che si parava,[10] dentro al partito: uno che stava a sedere s'un materasso rintorcinato,[11] con un ragazzino sui ginocchi; uno che si strizzava i pedalini, s'uno sgabello, asciugandosi i piedi; una donna che stava male, e piangeva, con accanto quelli che la riconsola-
30 vano: - Che piagni?[12] Che te credi che se piagni l'acqua va via? Se è toccato a te è toccato a tutti quanti sa'![13]: ma lei non li sentiva nemmeno, era come ammattita; e come lei, tante altre, lì intorno, che avevano perso tutto quello che avevano, e s'erano ridotte ignude come vermini. Al tavolo dell'osteria avevano messo tutti i ragazzini in fasce, come un'ammucchiata di gattini, ce n'erano almeno una trentina, uno sopra
35 l'altro, e intorno le madri che li guardavano, tremando dal freddo.

(...)

Non era successo niente: una borgata allagata dalla pioggia, qualche catapecchia sfondata, dove ci stava della gente, che, nella vita, ne aveva passate pure di peggio. Ma tutti piangevano, si sentivano spersi, assassinati. Solo in quel pannaccio[14] rosso,
40 tutto zuppo e ingozzito,[15] che Tommaso ributtò lì a un cantone, in mezzo a quella calca di disgraziati, pareva brilluccicare,[16] ancora, un po' di speranza.

---

9  ci capeva: *roman.: ci stava, ci entrava.*
10  si parava: *si presentava davanti agli occhi.*
11  rintorcinato: *ripiegato.*
12  Che piagni?: *roman.: che piangi?*
13  sa': *sai.*
14  pannaccio: *dispregiativo di panno, pezzo di stoffa (qui, la bandiera del Partito Comunista Italiano).*
15  ingozzito: *roman.: rovinato.*
16  brilluccicare: *roman.: brillare.*

# esercizi

• **Voi siete qui!**

**Cerca sulla cartina di Roma la zona di Pietralata.**

• **Dentro al testo**

**1. Dopo aver letto il brano, indica se le seguenti affermazioni sono vere (V) oppure false (F).**

1. I due ragazzini erano fratelli.                                     V ☐     F ☐

2. Avevano i capelli biondi e lisci.                                   V ☐     F ☐

3. Avevano l'aria spensierata.                                         V ☐     F ☐

4. Il più grande aveva un cappotto elegante.                           V ☐     F ☐

5. Tutti gli abitanti del quartiere che non avevano più la casa
   furono portati nella sede del partito.                              V ☐     F ☐

**2. Rispondi alle seguenti domande.**

1. Perché i due ragazzi e gli abitanti del quartiere non hanno più la casa?

   ................................................................................................

2. Perché i due ragazzi sembravano due vecchietti?

   ................................................................................................

   ................................................................................................

3. Che cosa facevano le persone che si trovavano nella sede del partito?

   a. Un uomo ................................................................................

   b. Un altro uomo .......................................................................

   c. Una donna .............................................................................

   d. Le altre donne .......................................................................

   e. I bambini in fasce ...................................................................

   f. Le madri ................................................................................

4.   Qual era l'unico simbolo di speranza?

..................................................................................................................................

**3.   Dopo aver riletto la prima parte del brano, descrivi i due bambini.**

Tommaso aiutava due ragazzi. Il più grande aveva (1) ....................................anni ed

indossava (2) ............................... Il più piccolo aveva (3) ...........................................

anni ed era sulle (4) ............................... di Tommaso.

Erano  ..........................................................................................................................

..................................................................................................................................

..................................................................................................................................

..................................................................................................................................

**4.   A chi o a che cosa si riferiscono gli elementi evidenziati, presenti nel testo?**

1.   **lo** portava (r. 2)                         ................................................

2.   **gli** stava aggrappato (r. 16)          ................................................

3.   **ci** capeva appena (r. 23)              ................................................

4.   non **li** sentiva nemmeno (r. 31)     ................................................

5.   **li** guardavano (r. 35)                  ................................................

6.   **ci** stava (r. 38)                          ................................................

**5.   Trova nel testo le parole che hanno significato equivalente a quelle che seguono e trascrivile.**

1.   carini (rr. 1-5)                             ................................................

2.   viso (rr. 1-5)                               ................................................

3.   fango (rr. 5-10)                            ................................................

4.   riflettuto (rr. 10-15)                     ................................................

5.   scrosci (rr. 25-30)                        ................................................

6.   calzini (rr. 25-30)                         ................................................

7.   angolo (rr. 35-41)                         ................................................

8.   mucchio, ammasso (rr. 35-41)         ................................................

esercizi

• **Fuori dal testo**

**1**  "Erano due ragazzini *buoni buoni*" (rr. 2-3)
"*Piano piano* arrivarono a Pietralata" (r. 21)
**Inserisci nelle frasi che seguono gli aggettivi raddoppiati che trovi in fondo all'esercizio in ordine sparso.**

1.  Pioveva ............................................... .

2.  C'era un bambino ............................................... che guardava fuori dalla finestra.

    Stava ............................................... ad osservare il paesaggio.

3.  Ma sei ...............................................?

4.  Il sole tramontava ............................................... dietro la montagna.

5.  La bambina stava ............................................... in un angolino, mentre gli altri bambini gridavano.

6.  Appena mi vide arrivare, mi abbracciò ...............................................

7.  La neve scendeva ...............................................

8.  Maria e Antonio parlavano ............................................... per non disturbare i bambini che dormivano.

9.  Venne ............................................... per sussurrarmi una frase all'orecchio.

10. Avevo tanta fame e mi sono comprata un gelato ............................................... .

*piccolo piccolo - vicino vicino - piano piano - lontano lontano - zitta zitta - buono buono - forte forte - grande grande - leggera leggera - sicuro sicuro - forte forte*

**2.**  "*come lei tante altre... s'erano ridotte ignude come vermini*" (rr. 32-33)
**Scegli e inserisci nelle frasi che seguono i nomi degli animali che sono normalmente associati alle qualità umane descritte.**

*orso - asino - scoiattolo - iena - oca - civetta - coniglio - lumaca - mulo - volpe*

1.  È un ............................... , fugge sempre davanti alle situazioni difficili!

2.  Quella donna è una ............................... , è meglio starle lontano.

3.  Sei una ............................... , io non ci avevo proprio pensato!

4.  Che ............................... quella ragazza, parla sempre senza riflettere!

5. Mia cugina è diventata proprio una ............................. , le piace tanto farsi corteggiare dagli uomini.

6. Quel ragazzo è proprio un ............................. : da quando si è lasciato con la ragazza non parla più con nessuno.

7. Luigi è il più ............................. della classe: ha tutti brutti voti in pagella.

8. Ti vuoi sbrigare? Sei proprio una ............................. .

9. Con te non ci si può proprio ragionare: sei testardo come un ............................. .

10. Bravissimo! Sei riuscito a saltare tutti gli ostacoli: sei agile come uno ....................... .

**3.** **"...avevano perso *tutto* quello che avevano"** (r. 32) /
**"*Non* era successo *niente*"** (r. 37) / **"Ma *tutti* piangevano"** (r. 39)
Inserisci nelle frasi che seguono i pronomi: ***tutti, nessuno, tutto, niente.***

1. ............................. sanno la verità, ma ............................. la vuole dire.

2. Non ho capito ............................. di quello che ha spiegato oggi la professoressa.

3. ............................. quello che faccio è sbagliato per te.

4. ............................. è perfetto. ............................. possono sbagliare.

5. Sono ............................. arrabbiati.

6. ............................. sommato, sono soddisfatto.

7. Devo fare la spesa: non ho ............................. da mangiare per stasera.

8. Parlami di te: voglio sapere ............................. .

9. ............................. mi ha mai parlato così: grazie!

10. Erano ............................. stanchi, ............................. parlava.

Ennio Flaiano

# Fregene

*Il* "Diario notturno", *pubblicato nel 1956, raccoglie le annotazioni e gli appunti di Flaiano, contenuti nei* Taccuini *degli anni che vanno dal '46 al '56, ed alcuni racconti.*

1    Il ragazzino che guarda le macchine sulla spiaggia ha otto anni. Si fa aiutare da un suo fratello che ne ha sei. La domenica assumono un aiuto straordinario, un loro vicino di casa, di cinque anni, che comandano aspramente. Quando mi informo se lo pagano: "Gli diamo un gelato da cinquanta[1] e il cinema" risponde il maggiore.
5    "Ma così lo sfruttate" osservo. I due fratelli protestano: "Lui mica deve mantenere la famiglia", dice il più piccolo "lui lavora perché gli piace". Certe volte, verso mezzogiorno, arriva il camion del fruttivendolo ambulante. Si ferma e aspetta i clienti. I due ragazzi si avvicinano, si consultano, poi uno domanda: "Quanto fai le pesche?". Dall'alto del camion, senza voltarsi, il fruttivendolo risponde:
10    "Centottanta[2]", e seguita a fissare la spiaggia con gli occhi socchiusi per il riverbero. "Al cantiere" osserva il minore "le fanno centosessanta". Il fruttivendolo non si scompone: "E va' al cantiere" dice stancamente. È un dialogo tra uomini della stessa età, che conoscono il prezzo del denaro.

---

1    da cinquanta: *che costa cinquanta lire (il brano è del 1955).*
2    centottanta: *centottanta lire al chilo.*

- **Voi siete qui!**

**Cerca Fregene su una cartina del Lazio.**

- **Dentro al testo**

**1. Rispondi alle seguenti domande:**

1. Quanti anni ha il giovane parcheggiatore?

   .............................................................................................................

2. E suo fratello?

   .............................................................................................................

3. Che cosa fanno la domenica?

   .............................................................................................................

4. Che cosa accade verso mezzogiorno?

   .............................................................................................................

5. Di che cosa discutono i due ragazzi ed il fruttivendolo?

   .............................................................................................................

**2. Completa la griglia che segue con le informazioni tratte dal testo.**

| Chi? | | | | Il fruttivendolo |
|------|---|---|---|---|
| Quanti anni ha? | | Sei anni | | |
| Che lavoro fa? | | | | |
| Quando lavora? | Tutti i giorni | | | |
| Quanto guadagna? | | | | |
| Perché lavora? | | | Perché gli piace | |
| Quando arriva a Fregene? | | | | |

**3.** **A chi o a che cosa si riferiscono i seguenti elementi evidenziati,**
**presenti nel testo?**

1. un **suo** fratello (r. 2) ...................................................

2. un **loro** vicino di casa (rr. 2-3) ...................................................

3. se **lo** pagano (rr. 3-4) ...................................................

4. **gli** diamo (r. 4) ...................................................

5. **lo** sfruttate (r. 5) ...................................................

6. **le** fanno centosessanta (r. 11) ...................................................

**4.** **Trova nel testo le parole che hanno significato equivalente a quelle che seguono**
**e trascrivile.**

1. duramente (rr. 1-5) ...................................................

2. il più grande (rr. 1-5) ...................................................

3. girarsi (rr. 5-10) ...................................................

4. continua (rr. 5-10) ...................................................

5. riflesso della luce (rr. 5-10) ...................................................

**5.** **Inserisci nel testo i pronomi personali mancanti, dati qui sotto in ordine sparso;**
**poi rileggi il brano per controllare la correttezza delle tue risposte.**

*mi, gli, lo, lui, si, si, gli, lui, lo, si*

Quando ............... informo se ............... pagano: " ............... diamo un gelato da cinquanta

e il cinema" risponde il maggiore. "Ma così ............... sfruttate" osservo. I due fratelli

protestano: " ............... mica deve mantenere la famiglia," dice il più piccolo " ...............

lavora perché ............... piace". Certe volte, verso mezzogiorno, arriva il camion del frutti-

vendolo ambulante. ............... ferma e aspetta i clienti. I due ragazzi ............... avvicinano,

............... consultano, poi uno domanda: "Quanto fai le pesche?".

• **Fuori dal testo**

1. *"Aspramente"* (r. 3) e *"stancamente"* (r. 12) sono avverbi di modo formati da un aggettivo con l'aggiunta del prefisso *"-mente"*.
   Trasforma gli aggettivi riportati qui sotto in avverbi di modo (ricorda che se l'aggettivo termina in *-o*, questa diventa *-a*, e se termina in *-le* o *-re*, si elimina la *-e* finale):

| | | | |
|---|---|---|---|
| fortunato | ................................. | preciso | ................................. |
| facile | ................................. | caparbio | ................................. |
| difficile | ................................. | ruvido | ................................. |
| celere | ................................. | umile | ................................. |

2. *"E va' al cantiere"* (r. 12)
   Inserisci gli imperativi nelle frasi che seguono, scegliendoli tra quelli elencati in fondo all'esercizio.

   1. ................................. quello che ti ho detto!

   2. ................................. la verità!

   3. ................................. una mano!

   4. ................................. un cenno con la mano quando sei pronto!

   5. ................................. da solo a fare la spesa!

   6. ................................. presto, ho un appuntamento tra dieci minuti!

   7. ................................. buono: aiutami!

   8. ................................. fede: troverò una soluzione!

   9. ................................. che ti voglio bene!

   10. ................................. una possibilità!

   11. ................................. un piacere: ................................. zitto!

   12. - ................................. a prendere Simona alla stazione! - ................................. tu!

*dammi - fai/fa' - vacci - fai/fa' - vai/va' - sii - vai/va' - fammi - abbi - dimmi - fai/fa' - stai/sta' - dammi - sappi*

3. *"Quanto fai le pesche?... Centottanta"* (rr. 8-10)
   **Trascrivi in lettere le cifre che seguono.**

1. L. 165.900 ...........................................................................

2. L. 4.670.000 ...........................................................................

3. L. 35.950 ...........................................................................

4. L. 79.500 ...........................................................................

5. L. 347.600 ...........................................................................

6. L. 16.500.000 ...........................................................................

7. L. 28.290.000 ...........................................................................

8. L. 5.321.000 ...........................................................................

**Alberto Moravia**

# Racconti romani

*Il testo che segue è tratto dai "Racconti Romani". I racconti che costituiscono la raccolta sono piccole storie quotidiane di persone anonime che vivono nella Roma del dopoguerra, tra le difficoltà della ricostruzione e il desiderio di riappropriarsi della propria vita.*

1   L'autobus che parte dalla stazione di Trastevere va e torna dalla campagna. Contadini, operai, ogni sorta di povera gente, ci portano il fango delle scarpe, il puzzo di sudore dei panni di fatica e, forse, anche qualche insetto. Così al capolinea ci buttano sul pavimento e perfino sui sedili non so quale disinfettante puzzolente che prende alla 5   gola e fa piangere come la cipolla. Una di quelle mattine dolci di febbraio, mentre aspettavo che l'autobus partisse, gli occhi pieni di lagrime per via del disinfettante, il vento marino che entrava dai finestrini mi diede una gran voglia di andarmene per conto mio, per fermarmi un poco a riflettere sopra me stesso. Così, quando discesi davanti il laboratorio, invece di avviarmi a destra, verso il capannone, andai 10  a sinistra, verso i prati che stanno tra lo stradone e il Tevere. Presi a camminare sull'erba pallida, nel vento fiacco e umido, incontro il cielo pieno di nuvole bianche. Il Tevere non lo vedevo perché in quel punto scorre in una piega del terreno; al di là del Tevere vedevo fabbriche abbandonate, il palazzo con tutti gli arconi che pare una colombaia, la chiesa con la cupola e le colonne che non reggono nulla e sembrano 15  colonne di legno di un gioco di costruzioni per bambini. Dietro di me c'era la zona industriale di Roma; gli alti forni con i lunghi pennacchi di fumo nero; i capannoni delle fabbriche, piene di finestroni; i cilindri bassi e larghi di due o tre gazometri, quelli alti e stretti dei silos.

# esercizi

- ## Voi siete qui!

Cerca sulla cartina di Roma la Stazione di Trastevere.

- ## Dentro al testo

1. **Dopo aver letto il brano, rispondi alle seguenti domande:**

1. Da dove parte l'autobus che va e torna dalla campagna?

   ........................................................................................................................

2. Cosa fanno gli autisti al capolinea?

   ........................................................................................................................

3. Cosa vede l'autore al di là del Tevere?

   ........................................................................................................................

4. Cosa c'è dietro di lui?

   ........................................................................................................................

2. **Collega i nomi della colonna a sinistra con gli aggettivi che li accompagnano nel brano.**

   il disinfettante          bassi e larghi

   le mattine                pallida

   l'erba                    dolci

   il vento                  puzzolente

   le fabbriche              fiacco e umido

   i pennacchi               abbandonate

   il fumo                   lunghi

   i cilindri                nero

**3.** **Inserisci nel testo che segue le espressioni:** *davanti, dietro, a destra, a sinistra, al di là*

Il protagonista, quando scende dall'autobus, ha (1) ................................... il laboratorio.

(2) ........................... c'è il capannone; (3) ........................... ci sono i prati. (4) ........................ del

Tevere ci sono le fabbriche abbandonate. (5).............................di lui c'è la zona industriale.

**4.** **Trova nel testo le parole che corrispondono alle seguenti definizioni e inseriscile nel cruciverba.**

Definizioni orizzontali:

    1.   Locale in cui si allevano i colombi.

    2.   Tipo.

    4.   Debole, stanco.

Definizioni verticali:

    1.   Fine del percorso di un autobus.

    3.   Grandi archi.

• **Fuori dal testo**

1. "L'autobus che parte *dalla* stazione di Trastevere va e torna *dalla* campagna." (r. 1)
   "...ci buttano *sul* pavimento..." (rr. 3-4)
   **Inserisci le preposizioni articolate nelle frasi che seguono, scegliendo
   tra le alternative date.**

   1. La penna è ..................... scrivania.
      a. sulla        b. nella        c. sul

   2. La cucina è a destra ................... bagno.
      a. di           b. del          c. dal

   3. ................... piatto c'erano cibi appetitosi.
      a. Al           b. Col          c. Nel

   4. Sono appena tornato .................... viaggio in Africa.
      a. del          b. dal          c. al

   5. La banca è di fronte .................... tabaccaio.
      a. del          b. al           c. il

   6. Troverai il bagno in fondo .................... corridoio.
      a. al           b. il           c. nel

   7. Gli occhiali sono vicino .................... libro.
      a. del          b. il           c. al

   8. Lo specchio è lontano .................... letto.
      a. dal          b. del          c. al

2. "Contadini, operai... *ci* portano il fango delle scarpe..." (rr. 1-2)
   "al capolinea *ci* buttano sul pavimento... non so quale disinfettante..." (rr. 3-4)
   **Nelle frasi che seguono ci sono delle ripetizioni. Eliminale sostituendo gli elementi
   ripetuti con "ci", come nell'esempio:**

   **Es.:** Torno subito *a casa* e resto *a casa* tutto il giorno.
   Torno subito a casa e *ci* resto tutto il giorno.

   1. Se vai al cinema vengo al cinema anch'io!

      ............................................................................................................

   2. Conosco bene Napoli perché vado spesso a Napoli.

      ............................................................................................................

3.  Se mi dai un foglio scrivo sul foglio subito il mio indirizzo.

    ..............................................................................................................................

4.  Quando ero piccolo andavo tutte le estati al mare. Ora non vado più al mare.

    ..............................................................................................................................

5.  Parto per Venezia: vieni a Venezia anche tu?

    ..............................................................................................................................

6.  Ravenna è una città molto interessante: andate a Ravenna.

    ..............................................................................................................................

7.  La prossima settimana vado a Londra, ma non penso di restare a Londra
    per molto tempo.

    ..............................................................................................................................

8.  - Andare in Africa può essere molto pericoloso: non andare in Africa, ti prego!

    ..............................................................................................................................

    - Sì, ma dev'essere molto eccitante: voglio andare in Africa!

    ..............................................................................................................................

9.  La mostra di Picasso è molto interessante: vai alla mostra di Picasso
    e non te ne pentirai.

    ..............................................................................................................................

10. Voglio visitare Siena: penso di andare a Siena domenica / penso che andrò
    a Siena domenica.

    ..............................................................................................................................

11. La Galleria d'Arte Moderna non è molto lontana da qui: per arrivare alla Galleria
    basta girare a destra al primo semaforo e poi subito a sinistra.

    ..............................................................................................................................

12. - Stasera non posso proprio venire al cinema con te, mi dispiace.
    - Non fa niente: possiamo andare al cinema un altro giorno.

    ..............................................................................................................................

**3.   Completa la griglia che segue.**

| ARTICOLO | MESTIERE | DOVE LAVORA | COSA FA |
|---|---|---|---|
| il | contadino | in campagna | |
| l' | operaio | | |
| | falegname | | lavora il legno |
| | musicista | | |
| | insegnante | in una scuola | |
| | camionista | | |
| | giardiniere | | |
| | avvocato | | |
| | commesso | in un negozio | |
| | meccanico | | |
| il | segretario | | |
| | giornalista | | scrive articoli |
| | dottore | | |

**4.   "una gran voglia di *andarmene*" (r. 7)**
**Completa le frasi che seguono con la forma giusta del verbo *andarsene*.**

1.  Quando (tu) ......................................................... avvertimi che ti accompagno.

2.  Ieri sera (io) ......................................................... alle nove.

3.  Puoi ......................................................... quando vuoi.

4.  (noi) ......................................................... , prima che sia troppo tardi!

5.  Non ......................................................... , ho bisogno del tuo aiuto!

6.  (voi) ......................................................... , ho bisogno di silenzio!

7.  Quando (lui) ......................................................... , ha iniziato a piovere.

8.  Se (voi) ......................................................... prima, non lo avreste incontrato.

9.  (io) ......................................................... , se me lo avessi chiesto.

10. Che dici, (noi) ......................................................... ?

# La metropoli:
# solitudine
# e difficoltà

Susanna Tamaro

# Anima Mundi (I)

*È la storia del giovane scrittore Walter, che instaura un rapporto di profonda amicizia col coetaneo Andrea. Trasferitosi a Roma, Walter si scontra con la dura realtà, che fa crollare tutte le sue speranze di gloria. Il ritorno alla sua terra d'origine e la ricerca del suo grande amico e maestro di vita Andrea, porteranno Walter alla scoperta del senso più profondo della vita.*

1    Era una giornata opaca e attaccaticcia, sul lungotevere c'erano parecchie file di macchine ferme, il semaforo del ponte era rotto e c'era un vigile a dirigere il traffico. Abbiamo aspettato l'autobus una quarantina di minuti, a tratti cadeva una pioggerellina leggera e unta come l'acqua dei piatti. Quando finalmente il 280 è arrivato,

5    le porte si sono aperte su un inferno. Scene così le avevo viste soltanto in certi quadri moderni dove da una parte c'è la testa e dall'altra, molto distante, la gamba.

"Non si può entrare..." ho detto a Federico.

Lui non mi ha ascoltato e con l'abilità di un'anguilla si è infilato dentro. Non c'era spazio anche per me, così sono rimasto sul gradino, le porte a soffietto si sono chiuse

10   come una pinza su metà del mio corpo.

Per arrivare al palazzo della televisione[1] abbiamo impiegato più di un'ora, l'autobus andava avanti a singhiozzo, ogni avanzata si pagava con una lunghissima sosta, ad andarci a piedi di sicuro avremmo impiegato di meno oltre ad assorbire una quantità inferiore di cattivi odori.

---

1   palazzo della televisione: *sede della RAI Radiotelevisione Italiana (ente pubblico).*

• **Dentro al testo**

---

**1.** **Dopo aver letto il brano, indica se le seguenti affermazioni sono vere (V) oppure false (F).**

1. Era una giornata umida e grigia.      V ☐    F ☐

2. Pioveva a dirotto.      V ☐    F ☐

3. L'autobus era pieno zeppo di gente.      V ☐    F ☐

4. Il viaggio in autobus è durato quasi un'ora.      V ☐    F ☐

5. L'autobus andava a passo d'uomo.      V ☐    F ☐

**2.** **Completa le frasi che seguono scegliendo tra le alternative date quella giusta.**

1. All'inizio del brano i due protagonisti si trovano...
   a. in Piazza San Pietro.
   b. sul lungotevere.
   c. vicino alla Stazione Termini.

2. C'è molto traffico perché...
   a. c'è stato un incidente.
   b. c'è una manifestazione.
   c. il semaforo è rotto.

3. I due protagonisti aspettano l'autobus...
   a. pochi minuti.
   b. circa 40 minuti.
   c. più di un'ora.

4. Il narratore...
   a. rimane chiuso fra le due porte dell'autobus.
   b. sale sull'autobus con facilità.
   c. non riesce a salire sull'autobus.

5. Il viaggio in autobus è ...
   a. difficoltoso.
   b. piacevole e divertente.
   c. molto breve.

**3.** **Trova nel testo il contrario dei seguenti aggettivi:**

1. chiuse (rr. 1-5) ...................................................................

2. paradiso (rr. 1-5) ...............................................................

3.   antichi (rr. 5-10) ..............................................................

4.   superiore (rr. 10-15) ........................................................

5.   brevissima (rr. 10-15) ......................................................


**4.   Trova nel testo le parole o espressioni che hanno lo stesso significato di quelle che seguono:**

1.   circa quaranta (rr. 1-5) ...................................................

2.   numerose (rr. 1-5) ...........................................................

3.   ci abbiamo messo (rr. 10-15) ..........................................

4.   certamente (rr. 10-15) .....................................................


**5.   L'episodio del brano è raccontato al passato. Riscrivilo al presente.**

È una giornata opaca e attaccaticcia, sul lungotevere (1) ........................... parecchie file di

macchine ferme, il semaforo del ponte (2) ........................... rotto e (3) ........................... un

vigile a dirigere il traffico. (4) ........................... l'autobus una quarantina di minuti, a tratti

(5) ........................... una pioggerellina leggera e unta come l'acqua dei piatti. Quando

finalmente il 280 (6) ..........................., le porte (7) ........................... su un inferno. (...)

"Non si può entrare..." (8) ........................... a Federico.

Lui non mi (9) ........................... e con l'abilità di un'anguilla (10) ........................... dentro.

Non (11) ........................... spazio anche per me, così (12) ........................... sul gradino, le

porte a soffietto (13) ........................... come una pinza su metà del mio corpo.

Per arrivare al palazzo della televisione (14) ........................... più di un'ora, l'autobus (15)

........................... avanti a singhiozzo, ogni avanzata (16) ........................... con una lunghis-

sima sosta, ad andarci a piedi di sicuro avremmo impiegato di meno oltre ad assorbire una

quantità inferiore di cattivi odori.

• **Fuori dal testo**

1. "Attaccaticcia", "pioggerellina" sono *parole alterate*, mentre "soffietto"
   e "gradino" *non* lo sono.
   Inserisci nelle frasi che seguono queste parole,
   sottolineando quelle veramente alterate:

*cameretta- molliccia - comodino - capriccio - nipotino - villino - gioiellino - rossetto*
*bambino - rapina - borsetta*

1. - Ma che cos'è questa pasta ..................................... ? - Sto preparando una torta.

2. Vai in ..................................... e prendimi gli occhiali sul ..................................... .

3. Mia sorella ha un ..................................... in campagna che è un ..................................... .

4. Hanno fatto una ..................................... alla banca in via Mazzini.

5. Non dimenticare di mettere il ..................................... nella ..................................... .

6. Il mio ..................................... è un ..................................... adorabile.

7. - Sta piangendo! - Non ti preoccupare. È solo un ..................................... .

2. "Scene così *le* avevo viste..." (= avevo visto scene così...) (r. 5)
   Trasforma le frasi che seguono come nell'esempio:

**Es.:** Avevo visto un pubblico così numeroso solo al concerto di Claudio Baglioni.
   Un pubblico così numeroso *lo* avevo visto solo al concerto di Claudio Baglioni.

1. Abbiamo incontrato un traffico così solo l'anno scorso a Roma.

   ............................................................................................................

2. Avevo mangiato una torta così buona solo al compleanno di mia cugina.

   ............................................................................................................

3. Ho portato scarpe così alte solo al matrimonio di Luca e Francesca.

   ............................................................................................................

4. Avevamo fatto una vacanza così rilassante solo in Francia cinque anni fa.

   ............................................................................................................

5. Sono stato ad una festa così divertente solo l'estate scorsa in Grecia.

   ............................................................................................................

**3.** "Ad andarci a piedi... *avremmo impiegato* di meno" (r. 14) ( = se fossimo andati a piedi...)
**Completa le frasi che seguono, come nell'esempio:**

**Es.:** A sentirlo parlare, gli (tu - dare) ........................................ ragione.

A sentirlo parlare, gli avresti dato ragione.
Se lo avessi sentito parlare, gli avresti dato ragione.

1.  A fare le pulizie da sola, (lei - metterci) ........................................ più tempo.

    Se ........................................................................................

2.  Ad andarci in autobus, (noi - respirare) ........................................ meno aria inquinata.

    Se ........................................................................................

3.  A farlo in aereo, il viaggio (essere) ........................................ più breve.

    Se (noi) ................................................................................

4.  Ad andarci in macchina, (tu - guadagnare) ........................................ tempo.

    Se ........................................................................................

**4.** "*C'era* un vigile *a dirigere* il traffico" (r. 2) (= un vigile dirigeva il traffico)
**Trasforma le frasi che seguono come nell'esempio tratto dal testo.**

1.  Una professoressa faceva lezione.

    ........................................................................................

2.  Un bambino suonava il pianoforte.

    ........................................................................................

3.  Un cameriere serviva i clienti.

    ........................................................................................

4.  Una hostess riceveva gli ospiti.

    ........................................................................................

5.   Dei poliziotti facevano la guardia.

......................................................................................................................

6.   Una segretaria faceva le fotocopie.

......................................................................................................................

7.   Un'infermiera faceva le iniezioni.

......................................................................................................................

8.   Degli amici mi facevano compagnia.

......................................................................................................................

9.   Un fotografo scattava le foto.

......................................................................................................................

**5.**   **"... con l'abilità di un'anguilla" (r. 8)**
     **Collega le qualità umane ai nomi degli animali a cui sono normalmente associate.**

1.   astuzia              a.   aquila

2.   intelligenza         b.   gazzella

3.   leggerezza           c    scimmia

4.   velocità             d.   scoiattolo

5.   lentezza             e.   mulo

6.   testardaggine        f.   lumaca

7.   curiosità            g.   volpe

8.   agilità              h.   libellula

**Susanna Tamaro**

# Anima Mundi *(II)*

1    Nell'attesa che qualcosa accadesse ho cominciato a girare per la città, uscivo la mattina e tornavo la sera, macinavo decine di chilometri per smaltire la paura e il furore. Roma ora mi appariva molto diversa da quando ero arrivato, non era più il grande palcoscenico sul quale venivano rappresentati i sogni, ma una città con i
5    tentacoli, distruttrice come tutte le altre, moloch come tutte le altre. L'aria puzzava e a ogni passo eri minacciato dalle macchine, i marciapiedi erano pieni di gente che marciava con lo sguardo cupo, le auto scure dei politici sfrecciavano in continuazione da una parte all'altra, seguite dagli ululati delle scorte, i palazzi cadevano a pezzi, le strade erano cosparse di buchi. In contrasto con questo si aprivano da ogni
10   parte ristoranti di lusso, negozi di generi totalmente futili, ai semafori gli stranieri anche se non volevi ti lavavano i vetri, davanti al lusso crescevano i mendicanti, erano giovani, vecchi, donne, italiani, stranieri, zingari, ti chiedevano i soldi anche se avevi la faccia da morto di fame.

• **Dentro al testo**

1. **"Roma ora mi appariva molto diversa (...), una città con i tentacoli, distruttrice come tutte le altre".**
   **Tra le affermazioni che seguono, segna con una crocetta quelle presenti nel testo.**

   a.  L'aria aveva un cattivo odore. ☐
   b.  La gente era triste. ☐
   c.  I negozi chiudevano. ☐
   d.  Le strade erano piene di gente che ti chiedeva l'elemosina. ☐
   e.  C'erano molti furti di auto. ☐
   f.  Le banche e i negozianti venivano rapinati in continuazione. ☐

2. **Ricomponi le frasi spezzate collegando ogni elemento della colonna A con uno della colonna B.**

   | A | | B | |
   |---|---|---|---|
   | 1. | Roma | a. | aprivano da ogni parte. |
   | 2. | Le automobili | b. | avevano molte buche. |
   | 3. | I marciapiedi | c. | era distruttrice. |
   | 4. | I palazzi | d. | erano affollati di persone tristi. |
   | 5. | Le strade | e. | erano rovinati e cadenti. |
   | 6. | Ristoranti e negozi | f. | aumentavano. |
   | 7. | I mendicanti | g. | passavano a gran velocità. |

3. **Le seguenti parole ed espressioni hanno un significato equivalente a quelle presenti nel brano.**
   **Inseriscile nel testo che segue, al posto giusto.**

   *iniziato - camminava - correvano - triste - mentre aspettavo - aveva un cattivo odore
   inutili - succedesse - piene - dalle sirene - percorrevo - farmi passare - aumentavano*

   (1) ................................................ che qualcosa (2) ................................................ ho

   (3) ................................................ a girare per la città, uscivo la mattina e tornavo la sera,

   (4) ................................................ decine di chilometri per (5) ................................................ la paura

   e il furore. Roma ora mi appariva molto diversa da quando ero arrivato (...).

   L'aria (6) ................................................ e a ogni passo eri minacciato dalle macchine, i marcia-

piedi erano pieni di gente che (7) ................................................ con lo sguardo

(8) .................................... , le auto scure dei politici (9) ................................ in continuazione

da una parte all'altra, seguiti (10) ........................................ delle scorte, i palazzi cadevano

a pezzi, le strade erano (11) ........................................ di buchi. In contrasto con questo

si aprivano da ogni parte ristoranti di lusso, negozi di generi totalmente

(12)........................................ , ai semafori gli stranieri anche se non volevi ti lavavano i vetri,

davanti al lusso (13) ........................................ i mendicanti (...).

**4.** **Inserisci nel testo che segue le preposizioni date in fondo in ordine alfabetico e, solo alla fine, rileggi il brano per controllare se le hai inserite al posto giusto.**

Nell'attesa che qualcosa accadesse ho cominciato a girare ................ la città, uscivo la mattina

e tornavo la sera, macinavo decine ................ chilometri per smaltire la paura e il furore.

Roma ora mi appariva molto diversa ................ quando ero arrivato, non era più il grande

palcoscenico ................ quale venivano rappresentati i sogni, ma una città ................ i

tentacoli... L'aria puzzava e ................ ogni passo eri minacciato ................ macchine, i marcia-

piedi erano pieni ................ gente che marciava con lo sguardo cupo, le auto scure ................

politici sfrecciavano in continuazione ................ una parte ................ altra, seguiti ................

ululati ................ scorte, i palazzi cadevano ................ pezzi, le strade erano cosparse ................

buchi. ................ contrasto con questo si aprivano ................ ogni parte ristoranti ................

lusso, negozi ................ generi totalmente futili, ................ semafori gli stranieri (...) ti lavavano

i vetri, davanti ................ lusso crescevano i mendicanti (...) ti chiedevano i soldi anche se

avevi la faccia ................ morto di fame.

*a - a - ai - al - all' - con - da - da - da - da - dagli - dalle - dei - delle - di - di - di - di - di - in - per - sul*

• **Fuori dal testo**

1. **"Nell'attesa che qualcosa accadesse..." (r. 1).**
   **Completa le frasi seguenti, coniugando i verbi tra parentesi**
   **al *congiuntivo imperfetto*.**

   1. Ti ho scritto non so quante volte, nella speranza che

      tu mi (rispondere) ........................................ .

   2. In attesa che Giorgio (tornare) .............................. , ho cucinato, cenato,
      lavato i piatti e guardato la TV.

   3. Nell'attesa che il dentista mi (chiamare) .............................. ,
      ho sfogliato ben cinque riviste.

   4. Le ho chiesto di uscire, nella speranza che mi (dire) .............................. di sì.

   5. Ho provato a chiamarti per telefono, nella speranza

      che tu mi (raggiungere) .............................. .

   6. Siamo rimasti sotto la galleria, in attesa che (smettere) .............................. di piovere.

2. **Inserisci le preposizioni *di* o *da* nelle frasi che seguono.**

   1. Ha proprio una faccia ............. schiaffi.

   2. Mi sento minacciato ............. te.

   3. Abbiamo fatto centinaia ............. chilometri per venire a trovarti.

   4. La piazza era piena ............. gente. Venivano ............. ogni parte del mondo.

   5. La casa è molto diversa ............. quando ci abitavo.

   6. ............. cosa hai paura? ............. cosa fuggi?

   7. Questo problema è molto difficile ............. risolvere.

   8. - Ho molte cose ............. fare oggi.

      - Anch'io ho una giornata piena ............. impegni.

# esercizi

**3.** **"...a ogni passo *eri minacciato* dalle macchine"** (r. 6).
**Trasforma le frasi che seguono dalla forma attiva a quella passiva.**

1.  La polizia mi inseguiva.

    .......................................................................................................................

2.  Mia madre non mi ascoltava.

    .......................................................................................................................

3.  I suoi genitori non lo capivano.

    .......................................................................................................................

4.  Nessuno ci vede.

    .......................................................................................................................

5.  Mi ha chiamato la segretaria della scuola.

    .......................................................................................................................

6.  Il vento muoveva le foglie.

    .......................................................................................................................

7.  Mia sorella ha fatto la torta.

    .......................................................................................................................

8.  Ci ha svegliato il rumore delle macchine.

    .......................................................................................................................

9.  Il traffico ci ha bloccato.

    .......................................................................................................................

10. Mi ha accompagnato un mio amico.

    .......................................................................................................................

Marco Lodoli

# I fannulloni

*Storia della solitudine di un anziano, forse emarginato proprio per questo, che si riempie con l'amicizia con il giovane Gabèn, emarginato anche lui perché "diverso" e "straniero". La vitalità del giovane, con i suoi desideri e le sue ambizioni trascina l'anziano signore che non si rassegna a lasciarsi "ricoprire i piedi dall'ultima gelida sabbia che sfugge alla sua clessidra."*

1    Da ieri è cambiato qualcosa. Sono arrivato a piedi fino alla stazione Termini, è un'abitudine che mi riprende quando non penso proprio a niente e le gambe vanno per conto loro. Dopo tutto è il luogo che ho frequentato di più, riconosco certi facchini, la cassiera del bar, il giornalaio, l'ansia di chi arriva correndo, o di chi sbarca e si
5    guarda attorno sperduto. C'è un bel clima, ecco: nessuno è sicuro di niente, ma tutti sperano in qualcosa, magari solo di essere giunti in un luogo migliore di quello che hanno lasciato, o di avere davvero un buon motivo per andarsene. È un posto pieno di aspettative e di dubbi, la stazione Termini. E in me, sotto quell'onda di cemento armato, tra tante nervose valige, si fa più forte il sospetto che i miei giorni possano
10    contenere ancora qualche sorpresa, che non debba per forza rimanere fermo e dignitoso a lasciarmi ricoprire i piedi dall'ultima gelida sabbia che sfugge alla mia clessidra. È una fregatura, la dignità, come la saggezza, io lo so bene. Vuol dire stare zitti e buoni in un angoletto, accettando ogni torto, ogni ingiuria, e tenere ben pulita la dentiera. Io ora neanche la morte voglio accettare, figuriamoci. Forse per questo
15    mi sono fermato davanti a un ragazzo negro che aveva aperta su un foglio di cartone una piccola collezione di occhiali colorati, strepitosi. Gli altri ambulanti vendevano le solite carabattole, cassette musicali, sigarette, foulard sintetici con la fontana di Trevi, ventagli. Ma lui offriva lenti rosa, verdi, arancioni, incastrate in montature allegre, da zitella impazzita. Stava seduto per terra, avvolto in una bella palandrana,
20    i piedi scalzi. Mi sono chinato (ahi, che dolore alla schiena) e ho preso un paio di occhialetti quadrati, con due alette agli angoli alti, le lenti gialle. Li ho infilati e tutta la stazione mi è parsa inondata da un bel sole estivo, la gente pronta a partire per le vacanze, nonostante i cappotti e le sciarpe. - Quanto costano? - gli ho domandato senza togliermeli dal naso. Lui si è messo a ridere: forse ero buffo con la mia faccia
25    da bravo pensionato rinsecchito, la cravattina a righe, il cappello per non prendere freddo e quegli occhiali scemi e spensierati, ma è così che per un po' volevo essere: buffo contro ogni dignità. Mi ha messo un braccio robusto sulle spalle e mi ha dato un bacetto sulla fronte:
- Ti stanno proprio bene, te li regalo, amico.

30   - Posso offrirti un caffè? - ho osato.

- Un cappuccino è meglio. Con la cioccolata sopra - Ha chiuso la sua mercanzia in una scatola ed è venuto via con me.

Ed è così che è iniziata la mia amicizia con Gabèn.

Adesso la mattina vado a passeggio con Gabèn, e mi piace perché lui è speciale, è
35   uno diverso, com'era Caterina[1]. Subito il mondo diventa un'avventura. Non saprei dire quanti anni ha Gabèn, gliel'ho domandato, ma nemmeno lui lo sa di preciso: più o meno trenta, credo, ma potrebbero essere molti meno, quando ride, e molti di più quando gli prende la malinconia. Pure lui a casa ci sta malvolentieri, anche perché casa sua è una stanza con quattro letti, dietro Cinecittà. Oltre a Gabèn ora
40   ci vivono due iugoslavi del Montenegro e un tunisino, ma la composizione cambia spesso, qualcuno finisce in galera, qualcuno viene rispedito alla frontiera, uno è in ospedale alcolizzato. Gabèn parla poco di queste faccende. È come chiamarsi addosso gli avvoltoi, mi ha detto.

- Io ho abbastanza vita davanti, non voglio vendere sempre gli occhiali sul marcia-
45   piede, non mi basta avere un po' da mangiare e un po' da dormire...

- E cosa vuoi? - gli dico sperando di poterlo aiutare.

- Non lo so... tu lo sai cosa vuoi?

Allora mi metto a pensare, cercando di tenere il passo delle sue gambe scattanti, e mi accorgo che anch'io non saprei dire niente di preciso. Vorrei Caterina, ma è
50   impossibile. Vorrei volare, ma perché? Vorrei essere giovane, ma poi tornerei di nuovo vecchio, vedrei di nuovo la pelle che s'allenta, i denti che cadono, ed è la cosa più triste.

Porto Gabèn ad ammirare i monumenti più belli della città: il Colosseo, San Pietro, piazza Navona, piazza di Spagna, le chiese piene di marmi e santi, i palazzi pieni di
55   sale e saloni affrescati. Non è che gli sappia spiegare granché, la storia, gli stili, io non ne so quasi nulla; gli dico solamente: - Guarda -. Lui rimane estasiato, si siede per terra e lascia che gli occhi si ricolmino.

- È come stare fermi a prendere bastonate, - mi ha detto una volta.

---

1   Caterina: *la moglie morta del protagonista.*

- **Voi siete qui!**

**1.** **Cerca la Stazione Termini sulla pianta di Roma.**

- **Dentro al testo**

**1.** **Rispondi alle seguenti domande:**

1) Dove si trova il protagonista nella prima parte del brano?

...................................................................................................

2) Perché la Stazione Termini è un luogo piacevole?

...................................................................................................

3) Chi incontra il protagonista?

...................................................................................................

4) Cosa vende quest'uomo?

...................................................................................................

5) Come appare la Stazione vista attraverso delle lenti gialle?

...................................................................................................

6) Cosa offre il protagonista a Gabén?

...................................................................................................

7) Dove vive e con chi vive Gabén?

...................................................................................................

8) Il protagonista dove porta Gabén?

...................................................................................................

**2.** **Trova nel brano le parole che corrispondono alle seguenti definizioni e trascrivile.**

1. Essere arrivati (rr. 5-10) ...........................................................

2. Ingiustizia (rr. 10-15) ...........................................................

3.  Offesa (rr. 10-15) ...........................................................................................................

4.  Eccezionali, fantastici (rr. 15-20) ...............................................................................

5.  Venditori che si spostano con la loro merce (rr. 15-20) ............................................

6.  Cose di poco valore (rr. 15-20) ...................................................................................

7.  Oggetti per farsi vento (rr. 15-20) ...............................................................................

8.  Le parti in metallo o in plastica degli occhiali (rr. 15-20) .........................................

9.  Donna non sposata e non più giovane (rr. 15-20) ......................................................

10. Cappotto o soprabito lungo e largo (rr. 15-20) ...........................................................

11. Senza scarpe (rr. 15-20) ...............................................................................................

12. Piccole ali (rr. 20-25) ...................................................................................................

13. Insieme di oggetti da vendere e comprare (rr. 30-35) ...............................................

14. Uccelli che si nutrono di animali già morti (rr. 40-45) ...............................................

15. Veloci, agili e piene di energia (rr. 45-50) ...................................................................

16. Si rilassa, cede (rr. 50-55) ............................................................................................

**3.  Rileggi il brano con attenzione e descrivi qui sotto i due personaggi con tutti gli elementi che puoi ricavare dal testo.**

| Protagonista | Gabén |
| --- | --- |
| .......................................... | .......................................... |
| .......................................... | .......................................... |
| .......................................... | .......................................... |
| .......................................... | .......................................... |
| .......................................... | .......................................... |
| .......................................... | .......................................... |
| .......................................... | .......................................... |
| .......................................... | .......................................... |
| .......................................... | .......................................... |
| .......................................... | .......................................... |
| .......................................... | .......................................... |
| .......................................... | .......................................... |

• **Fuori dal testo**

1. **"Ti stanno proprio bene, *te li* regalo, amico." (r. 29)**
   **Completa come nell'esempio:**

   **Es.:** Io - il libro - prestare
   a. A VOI: vi presto il libro / ve lo presto
   b. A TE: ti presto il libro / te lo presto

   1. tu - la cassetta - registrare

      a. A ME
      ..............................................................................................................

      b. A NOI
      ..............................................................................................................

   2. noi - la casa - affittare

      a. A VOI
      ..............................................................................................................

      b. A TE
      ..............................................................................................................

   3. io - il biglietto - comprare

      a. A TE
      ..............................................................................................................

      b. A LUI
      ..............................................................................................................

   4. io - la macchina - prestare

      a. A LEI
      ..............................................................................................................

      b. A LUI
      ..............................................................................................................

   5. noi - la verità - dire

      a. A LEI
      ..............................................................................................................

      b. A TE
      ..............................................................................................................

   6. io - il pranzo - preparare

      a. A VOI
      ..............................................................................................................

      b. A LUI
      ..............................................................................................................

7.  io - il favore - chiedere

    a.  A TE

    ......................................................................................................................

    b.  A LEI

    ......................................................................................................................

8.  noi - la domanda - fare

    a.  A VOI

    ......................................................................................................................

    b.  A LUI

    ......................................................................................................................


**2.** **"Il sospetto che i miei giorni *possano*... che non *debba*..." (rr. 9-11)**
**Completa le frasi che seguono con la forma appropriata**
**del *congiuntivo presente* o *passato*.**

1.  Ho il sospetto che Luigi (essere) ................................. infelice.

2.  Abbiamo paura che Maria (avere) ................................. un incidente.

3.  Ho il presentimento che (dovere) ................................. succedere qualcosa di brutto.

4.  Ho la sensazione che Carlo ieri non (dire) ................................. la verità.

5.  Ho la sensazione che (mancare) ................................. qualcosa.

6.  Abbiamo il sospetto che Luca e Stefano (essere) ................................. i colpevoli.


**3.** **"Non è che gli *sappia* spiegare..." (r. 55)**
**Completa le frasi che seguono coniugando i verbi tra parentesi**
**al *congiuntivo presente*.**

1.  Non è che (io - volere) ................................. influenzarti, ma secondo me, stai
    sbagliando.

2.  Non è che (noi - sapere) ................................. ballare stupendamente, ma vogliamo
    partecipare alla gara.

3.  Non è che (loro - conoscere) ................................. benissimo l'italiano, ma sono
    in grado di capire un film in lingua originale.

4.  Non è che (lui - studiare) ................................. molto, ma riesce bene
    in molte materie.

5.  Non è che (lei - essere) ................................. molto estroversa, ma è una ragazza
    simpatica.

6. Non è che (lui - fare) ................................ molti sforzi per migliorare, ma ci sta provando.

7. Non è che (io - intendersene) ................................ molto di arte, ma mi piace visitare le chiese e i musei.

**4.** **Nel testo ci sono due aggettivi di nazionalità: "tunisino" e "iugoslavo" (r. 40)**
   **Riempi lo schema che segue trascrivendo in ogni colonna i nomi**
   **e i rispettivi aggettivi di nazionalità che hanno lo stesso suffisso (i nomi sono**
   **elencati in ordine sparso in fondo all'esercizio).**

TUNISIA - tunisino          CUBA - cubano          CILE - cileno

.............. - ..............          .............. - ..............          .............. - ..............

.............. - ..............          .............. - ..............          .............. - ..............

.............. - ..............          .............. - ..............          .............. - ..............

LIBANO - libanese          VIETNAM - vietnamita

.............. - ..............          .............. - ..............

.............. - ..............          .............. - ..............

.............. - ..............

*Senegal - Albania - Slovenia - Portogallo - Nigeria - Algeria - Brasile - Venezuela - Marocco - Isole Filippine - Iraq - Romania - Yemen - Arabia Saudita*

**5.** **Gabén regala al protagonista del brano un paio di *occhiali da sole*.**
   **Completa le frasi che seguono inserendo le parole elencate in fondo all'esercizio.**

1. Devo andare in palestra, ma non trovo la mia ................................ .

2. Ho telefonato a Mario, ci siamo dati appuntamento davanti alla ................................ di via Nomentana per bere qualcosa insieme.

3. Nel Parco Nazionale d'Abruzzo, per le passeggiate molto lunghe è bene avere degli ottimi ................................ .

4. Sono stata invitata dai signori Bianchi. Sarà una cena molto raffinata, credo proprio che dovrò indossare il ................................ .

5.   Durante i mesi caldi il sole può danneggiare la vista. Bisognerebbe proteggere

sempre gli occhi con degli ................................................. .

6.   Gli accessori sportivi sono importanti; se gioco a lungo ho bisogno di un buon paio

di ................................................. e di una buona ................................................. .

7.   Sono stata al supermercato, ho comprato la ................................................. , ora puoi

fare la doccia.

8.   Ci piace molto incontrarci la domenica a casa di amici, ascoltare la musica, discutere

insieme e magari passare il tempo con un ................................................. .

*scarponi da montagna - vestito da sera - tuta da ginnastica - schiuma da bagno - gioco da tavolo - racchetta da tennis - sala da tè - scarpe da tennis - occhiali da sole*

Ennio Flaiano

# Diario degli errori

*Pubblicato nel 1977, dopo la morte dell'autore, è una raccolta di brevi racconti, appunti, pagine di diario e riflessioni, stesi dal 1950 al 1972.*

---

1 Quando seggo al tavolo per scrivere non ho più idee, un momento prima erano tutte lì, in attesa, nella loro ipocrita disponibilità. Mi restano dei brontolii di tristezza, non ho più sentimenti ma risentimenti. E qualche presentimento. Poco o niente mi interessa, solo sentire un po' di musica, leggere qualche vecchio libro, passeggiare
5 nella campagna di Monte Sacro. Roma mi respinge. Dappertutto una diffusa volgarità, facce che invecchiano senza grandi vizi, per una accettazione abitudinaria alla vecchiaia, come deve essere in campo di concentramento. Viaggiare? Comincio a sentirne il fastidio: non cambierei d'umore cambiando luogo. I musei, le bellezze artistiche... Allora i buoni alberghi, le trattorie famose! Oh, il guaio dell'albergo,
10 dove bisogna disfare la valigia, e ci si ritrova in un letto sconosciuto con i frivoli giornali e le riviste che abbiamo preso per viltà, per non restare soli. E le trattorie. Tutto bello, piacevole, all'inizio. A metà del pranzo l'incanto è sfumato, non resta che finire presto e andarsene. Ma dove, se tutto congiura contro di te? Dove andare? È la fine, sono già maturo per finirla con questa vita che è stata un seguito di sbagli,
15 di esaurimenti nervosi, di guai. Finirla. Ma non ne sarò capace, lascerò fare al tempo, aspetterò la vecchiaia, il gran catarro, le cacarelle, i colpi. Diventerò avaro, sospettoso, indeciso, cattivo e sempre più annoiato. Odierò i giovani, il chiasso, la luce. Ma Roma, soprattutto, questa città che non mi riguarda assolutamente, che non riuscirò mai a capire perché non mi piace. Non è città, un bivacco sulle rovine,
20 aspettando tempi migliori, che non vengono mai.

- **Voi siete qui!**

Piazza Sempione è una delle piazze principali di Monte Sacro; cercala sulla pianta di Roma.

- **Dentro al testo**

**1. Dopo aver letto il brano, indica se le seguenti affermazioni sono vere (V) oppure false (F).**

1. All'autore piace passeggiare nella campagna di Monte Sacro.    V ☐    F ☐

2. Flaiano sostiene che alberghi e trattorie aiutano a tirare su il morale di chi viaggia.    V ☐    F ☐

3. L'autore ricorda con nostalgia i momenti felici che ha trascorso durante la giovinezza.    V ☐    F ☐

4. A Flaiano viene in mente l'idea di suicidarsi, ma la respinge.    V ☐    F ☐

**2. Trova nel testo le parole che hanno lo stesso significato di quelle che seguono e trascrivile.**

1. mi siedo (rr. 1-5) ....................................................

2. falsa (rr. 1-5) ....................................................

3. vigliaccheria (rr. 10-15) ....................................................

4. una serie (rr. 10-15) ....................................................

5. tirchio (rr. 15-20) ....................................................

6. rumore, confusione (rr. 15-20) ....................................................

**3. Riscrivi il testo al passato inserendo le forme appropriate del verbo.**

Quando sedevo al tavolo per scrivere non (1)........................................ più idee(...) Mi

(2)................................ dei brontolii di tristezza, non (3)........................................ più sentimenti

ma risentimenti. E qualche presentimento. Poco o niente mi (4)................................, solo

sentire un po' di musica, leggere qualche vecchio libro, passeggiare nella campagna di Monte

Sacro. Roma mi (5) ................................................ . Dappertutto una diffusa volgarità, facce

che (6) .............................. senza grandi vizi, per una accettazione abitudinaria alla vecchiaia,

come deve essere in campo di concentramento. Viaggiare? (7) ................................ a sentirne

il fastidio: non (8) ................................ d'umore cambiando luogo.

• **Fuori dal testo**

**1.a. Cerca sul dizionario la definizione di** *sentimento, presentimento* **e** *risentimento,*
**e trascrivila qui sotto:**

Sentimento: ................................................................................................

Presentimento: ................................................................................................

Risentimento: ................................................................................................

**1.b. Che cosa significa il prefisso "***pre-***" di "presentimento"?**

................................................................................................................

**Sottolinea, tra le parole che seguono, quelle il cui prefisso "***pre-***"**
**ha lo stesso significato di "presentimento" (puoi aiutarti con il dizionario):**

prestabilito, premunirsi, pregiudizio, preghiera, preannunziare, preavviso,

precetto, precisare, predestinare, prematuro, predica, premettere, premiare, prenotare,

preoccupato, presentare.

**1.c. Nella parola "risentimento", il prefisso "***ri-***" non indica un significato ben preciso.**
**Sottolinea, invece, tra i verbi che seguono, quelli in cui il prefisso "***ri-***"**
**indica la ripetizione dell'azione (puoi aiutarti con il dizionario).**

rialzare, rianimare, riaprire, ricamare, riattaccare, ricordare, ricevere,

riattivare, rigenerare, rimanere, rimediare,

rinascere, riordinare, rispettare, riunire, rivelare, rileggere.

2. **"Non *cambierei* d'umore *cambiando luogo*" (r. 8) (= se cambiassi luogo)**
   **Combina gli elementi dati secondo l'esempio.**

Es.: (tu) alzarsi presto - arrivare in tempo - (ieri)
   a. Alzandoti presto saresti arrivato in tempo.
   b. Se ti fossi alzato presto saresti arrivato in tempo.

1. (noi) arrivare prima - sedersi - (stamattina)
   a.

   ......................................................................................................................

   b.

   ......................................................................................................................

2. (voi) portare l'ombrello - non bagnarsi - (ieri sera)
   a.

   ......................................................................................................................

   b.

   ......................................................................................................................

3. (voi) aprire la finestra - non sentire caldo - (adesso)
   a.

   ......................................................................................................................

   b.

   ......................................................................................................................

4. (tu) ascoltare con attenzione - capire - (poco fa)
   a.

   ......................................................................................................................

   b.

   ......................................................................................................................

5. (io) andare in macchina - arrivare prima (ora)
   a.

   ......................................................................................................................

   b.

   ......................................................................................................................

6. (io) avere tempo - telefonarti (ieri sera)
   a.

   ......................................................................................................................

   b.

   ......................................................................................................................

**3.** "Non ne *sarò* capace, *lascerò* fare al tempo, aspetterò la vecchiaia..." (rr. 15-16)
Completa le frasi che seguono, coniugando al futuro i verbi dati in ordine sparso in fondo all'esercizio.

1. Gli (io) ........................... la verità, quando (lui) ........................... più grande.

2. (io) ........................... da lei quando avrò deciso cosa dirle.

3. Cosa (tu) ........................... da grande?

4. Non (io) ........................... mai ringraziarti abbastanza.

5. Se non (tu) ........................... coraggio, non potrai mai risolvere il tuo problema.

6. Stasera al concerto, la pianista ........................... delle musiche di Bach.

7. Quando (loro) ........................... , ........................... fame e ........................... stanchi.

8. Domani ........................... una giornata faticosa, ........................... alzarmi presto
e lavorare fino a tarda sera.

9. Chi mi ........................... a prendere alla stazione?

10. (io)........................... tutto il possibile per essere da te stasera.

*essere (3) - fare (2) - dire - venire - andare - potere - dovere - arrivare - avere (2) - suonare*

127

Luigi Pirandello

# Il fu Mattia Pascal *(I)*

*Mattia Pascal, il protagonista del romanzo di Pirandello, fuggito di casa dopo aver litigato con la moglie e la suocera, va a Montecarlo e vince al casinò una forte somma di denaro. Approfittando della falsa notizia della propria morte, assume un altro nome (Adriano Meis) e va a Roma, tentando di ricostruirsi una nuova vita.*

1    Una sola volta (il sig. Paleari) mi rivolse, all'improvviso, una domanda particolare:
- Perché sta a Roma lei, signor Meis?
Mi strinsi nelle spalle e gli risposi:
- Perché mi piace di starci...
5    - Eppure è una città triste, - osservò egli, scotendo il capo. - Molti si meravigliano che nessuna impresa vi riesca, che nessuna idea vi attecchisca. Ma questi tali si meravigliano perché non vogliono riconoscere che Roma è morta.
- Morta anche Roma?- esclamai, costernato.
- Da gran tempo, signor Meis! Ed è vano, creda, ogni sforzo per farla rivivere. Chiusa
10   nel sogno del suo maestoso passato, non ne vuol più sapere di questa vita meschina che si ostina a formicolarle intorno. Quando una città ha avuto una vita come quella di Roma, con caratteri così spiccati e particolari, non può diventare una città moderna, cioè una città come un'altra. Roma giace là, col suo gran cuore frantumato, a le spalle del Campidoglio. Son forse di Roma queste nuove case? Guardi, signor Meis.
15   Mia figlia Adriana mi ha detto dell'acquasantiera, che stava in camera sua, si ricorda? Adriana gliela tolse dalla camera, quell'acquasantiera; ma, l'altro giorno, le cadde di mano e si ruppe; ne rimase soltanto la conchetta, e questa, ora, è in camera mia, su la mia scrivania, adibita all'uso che lei per primo, distrattamente, ne aveva fatto. Ebbene, signor Meis, il destino di Roma è l'identico. I papi ne avevano fatto - a
20   modo loro, s'intende - un'acquasantiera; noi italiani ne abbiamo fatto, a modo nostro, un portacenere. D'ogni paese siamo venuti qua a scuotervi la cenere del nostro sigaro, che è poi il simbolo della frivolezza di questa miserrima vita nostra e dell'amaro e velenoso piacere che essa ci dà.

• **Dentro al testo**

---

**1.** **Dopo aver letto il brano, indica se le seguenti affermazioni sono vere (V) oppure false (F).**

1. Ad Adriana era sfuggita di mano l'acquasantiera e si era rotta.    **V** ☐    **F** ☐
2. Adriano Meis aveva spento le sigarette nell'acquasantiera.    **V** ☐    **F** ☐
3. Secondo il sig. Paleari, la Roma dei Papi era come un contenitore per l'acqua benedetta.    **V** ☐    **F** ☐
4. Il sig. Paleari dice che Roma è una città moderna e dinamica.    **V** ☐    **F** ☐

**2.** **A chi o a che cosa si riferiscono gli elementi del testo evidenziati?**

1. **gli** risposi (r. 3)    ...........................................................
2. star**ci** (r. 4)    ...........................................................
3. **vi** riesca... **vi** attecchisca (r. 6)    ...........................................................
4. far**la** rivivere (r. 9)    ...........................................................
5. non **ne** vuol più sapere (r. 10)    ...........................................................
6. formicolar**le** intorno (r. 11)    ...........................................................
7. Adriana **gliela** tolse dalla camera (r.16)    ...........................................................
8. **le** cadde di mano (rr. 16-17)    ...........................................................
9. all'uso che lei... **ne** aveva fatto (r.18)    ...........................................................
10. i papi **ne** avevano fatto (r. 19)    ...........................................................
11. noi italiani **ne** abbiamo fatto (r. 20)    ...........................................................
12. scuoter**vi** la cenere (r. 21)    ...........................................................
13. piacere che **essa** ci dà (r. 23)    ...........................................................
14. piacere che essa **ci** dà (r. 23)    ...........................................................

**3.** **Trova nel testo le parole che hanno lo stesso significato di quelle che seguono e trascrivile.**

1. improvvisamente (rr. 1-5)    ...........................................
2. muovendo (rr. 1-5)    ...........................................

3.  avvilito (rr. 5-10)          .............................................

4.  inutile (rr. 5-10)           .............................................

5.  grandioso (rr. 10-15)        .............................................

6.  a pezzi (rr. 10-15)          .............................................

7.  gettarvi (rr. 20 - 24)       .............................................

8.  molto misera (rr. 20-24)     .............................................


•   **Fuori dal testo**


1.  **"La conchetta è .... adibita all'uso che lei per primo... ne aveva fatto.
    (...) I papi ne avevano fatto ... un'acquasantiera; noi italiani
    ne abbiamo fatto ... un portacenere" (rr. 18-21).
    Collega ogni espressione della colonna A con il sinonimo appropriato
    della colonna B.**

    A                                  B
1.  fare uso                    a.  impressionare
2.  fare la barba               b.  spaventare
3.  fare luce                   c   incoraggiare
4.  fare paura                  d.  spiegare
5.  far vedere                  e.  illuminare
6.  fare colpo su qualcuno      f.  dividere
7.  fare strada                 g.  utilizzare
8.  fare a metà                 h.  precedere
9.  far capire                  i.  mostrare
10. fare coraggio               l.  radere


2.  **Inserisci nelle frasi che seguono le particelle *ci* e *ne*.**

1.  Non ................ voglio più sapere di questa storia!

2.  ................ vai alla festa stasera?

3.  Che ................ dici di fare una passeggiata?

4.  Me ................ vado: non ................ posso più di ascoltare sempre le stesse cose!

5.  Per andare da Roma a Napoli in treno ................ vogliono circa due ore.

6.  Che ................ vuole a fare questo esercizio?

7.  La Cina è molto lontana, ma vale la pena andar ................. .

8.  Ho sbagliato: che ................. posso fare?

9.  ................. dobbiamo sbrigare altrimenti perdiamo il treno.

10. - Sai qualcosa dello sciopero?

    - No, non ................. so niente. Speriamo che non ................. sia!


**3.  "Molti si meravigliano che nessuna impresa vi riesca, che nessuna idea
    vi attecchisca" (rr. 5-6). Completa le frasi che seguono, con la forma appropriata
    del** *congiuntivo* **(***presente* **o** *passato***).**

1.  Mi meraviglio che tu ieri non (andare) ............................. al cinema. Avevi detto
    che quel film ti piaceva tanto!

2.  Non ti sorprende che Giulio (essere) ............................. sempre così gentile con te?
    È così antipatico con tutti!

3.  Sono contenta che tu (venire) ............................. a trovarmi. Era da tanto
    che non ci vedevamo!

4.  Ci dispiace che voi non (potere) ............................. venire in vacanza con noi. Sarà
    per un altra volta!


**4   "portacenere" (r. 21) / "acquasantiera" (r. 15) Forma i nomi degli oggetti che
    contengono le cose elencate qui sotto, aggiungendo "porta-" o il suffisso "-iera".**

1.  zucchero          .............................................

2.  sale              .............................................

3.  pepe              .............................................

4.  penne             .............................................

5.  frutta            .............................................

6.  ombrelli          .............................................

7.  insalata          .............................................

8.  monete            .............................................

9.  chiavi            .............................................

10. formaggio         .............................................

11. sapone            .............................................

# esercizi

## FAI IL PUNTO E VAI AVANTI!

**1. Ricomponi le frasi, collegando le azioni dei personaggi ai luoghi in cui si svolgono.**

1. Una delle donne intervistate da Miriam Mafai tutte le mattine andava .......

2. Il protagonista di uno dei "*Racconti Romani*" di A. Moravia prende l'autobus .......

3. Ida Mancuso ed il figlio Useppe vengono colti dal bombardamento mentre si dirigevano verso .......

4. Gabèn e l'anziano protagonista de "*I Fannulloni*" di M. Lodoli si incontrano .......

5. Alfonsa e la sua famiglia lasciano la loro casa in via Cavour per andare ad abitare .......

6. Tommaso e i due bambini, dopo l'inondazione, si rifugiano in una sede del PCI .......

7. Ennio Flaiano ama passeggiare nelle campagne .......

8. I bambini descritti da Flaiano fanno i posteggiatori abusivi .......

9. I due protagonisti di "*Anima Mundi*" di S. Tamaro si dirigono .......

A. ....... in viale XXI Aprile.

B. ....... via dei Volsci, a San Lorenzo.

C. ....... al mercato del Trionfale.

D. ....... a Pietralata.

E. ....... di Montesacro.

F. ....... alla stazione di Trastevere.

G. ....... verso la sede della RAI.

H. ....... a Fregene.

I. ....... alla Stazione Termini.

1. .........., 2. .........., 3. .........., 4. .........., 5. .........., 6. .........., 7. .........., 8. .........., 9. .......... .

# la città sullo sfondo

---

**Da "Le città invisibili"**

Da una parte all'altra la città sembra
continui in prospettiva moltiplicando
il suo repertorio d'immagini: invece non ha
spessore, consiste solo in un dritto e in un
rovescio, come un foglio di carta, con una
figura di qua e una di là, che non possono
staccarsi né guardarsi.

*Italo Calvino*

## Elena Gianini Belotti

# Pimpì Oselì

*Un'insegnante si trasferisce per lavoro da Roma in un paesino della Val Seriana e lascia i due figli, un ragazzo ed una bambina, per lunghi periodi a Roma con il padre. Solo in un secondo momento la donna li porterà con sé; attraverso il difficile processo di inserimento dei due ragazzi nel nuovo ambiente, la scrittrice descrive il mondo povero e pieno di pregiudizi delle nostre montagne negli anni '30. Un mondo dove chi veniva da fuori era spesso escluso e respinto, e dove l'infanzia era costretta ad una vita di stenti e di lavoro.*

1    Non li porta alla messa, la Domenica, come gli ha raccomandato la mamma. Dopo il pranzo, elettrizzati, ciarlieri, prendono l'autobus e poi la circolare e vanno al giardino zoologico, oppure alla terrazza del Pincio, sotto i lecci, ad ascoltare la banda dei Carabinieri che suona i valzer di Strauss e arie d'opera al riparo di un padiglione
5    di legno turchese ornato di smerli, fregi e ghirlande. Gli stanno appesi alle mani, frementi, mentre lui batte il tempo col piede. A San Pietro si sono arrampicati su per la buia scaletta che s'inerpica fino alla terrazza sulla quale si erge la mole della cupola, la tramontana fischiava tra le statue dai giganteschi piedi di travertino e di là si scorgeva il percorso tortuoso del Tevere e la città adagiata tra i colli, accesa qua
10   e là da bagliori rosati. L'acqua delle fontane, nella piazza spazzata dal vento, si polverizzava nell'aria e il finissimo pulviscolo innaffiava il selciato fin quasi sotto il colonnato. Ai lati del portone di bronzo, due solenni pappagalli a strisce multicolori stavano di guardia con l'alabarda puntata a terra tra le gambe divaricate.
     A piazza Esedra[1], la Domenica pomeriggio, c'è un'orchestrina che suona tanghi, fox
15   trot e one step che fanno fremere i polpacci, i tavolini del caffè sono affollati di gente variopinta e animata, ma loro non siedono, restano in piedi in disparte a leccare un gelato, incantati dai musicisti in marsina e farfallino e dai gesti teatrali e bizzarri con cui muovono gli archetti sulle corde dei violini e dei contrabbassi, inclinano, scrollano, impennano la testa e il busto come scossi da una furia appassionata. Il papà fischiet-
20   tava in sordina le canzoni senza sbagliare una nota, le conosce tutte a memoria, e il ritmo lo contagia dalle spalle ai garretti fino ai piedi che scalpitano. Hanno applaudito fino a spellarsi le mani.

---

1    piazza Esedra: *ora piazza della Repubblica.*

Elena Gianini Belotti • Pimpì Oseli

- **Voi siete qui!**

Cerca sulla pianta di Roma il giardino zoologico, il Pincio e piazza Esedra.

- **Dentro al testo**

1. **Dopo aver letto il brano, indica se le seguenti affermazioni sono vere (V) oppure false (F).**

1. La domenica, dopo pranzo, i bambini vanno col padre in giro per la città.　　　　V ☐　　F ☐

2. Dalla cupola di S. Pietro si gode una vista panoramica di Roma.　　　　V ☐　　F ☐

3. Ai lati del portone di S. Pietro ci sono due pappagalli colorati che fanno la guardia.　　　　V ☐　　F ☐

4. A piazza Esedra i bambini ascoltano annoiati l'orchestra che suona.　　　　V ☐　　F ☐

2. **A chi si riferiscono gli elementi evidenziati presenti nel testo?**

1. non **li** porta (r. 1)　　　.............................

2. **gli** ha raccomandato (r. 1)　　　.............................

3. **gli** stanno appesi (r. 5)　　　.............................

4. **loro** non siedono (r. 16)　　　.............................

5. **le** conosce (r. 20)　　　.............................

6. **lo** contagia (r. 21)　　　.............................

3. **Volgi al passato il testo trasformando i verbi dal *presente* al *passato prossimo* o *imperfetto*.**

Non li portava alla messa, la domenica, come gli aveva raccomandato la mamma. Dopo il pranzo, elettrizzati, ciarlieri, (1) ................................. l'autobus e poi la circolare e (2) ................................. al giardino zoologico, oppure alla terrazza del Pincio, sotto i lecci, ad ascoltare la banda dei Carabinieri che (3) ................................. i valzer di Strauss

135

e arie d'opera (...). Gli (4) ............................. appesi alle mani, frementi, mentre lui

(5) ............................. il tempo col piede.

A piazza Esedra, la Domenica pomeriggio, (6) ............................. un'orchestrina che

(7) ............................. tanghi, fox trot e one step che (8) ............................. fremere i

polpacci, i tavolini del caffè (9) ............................. affollati di gente variopinta e

animata, ma loro non (10) ............................. , (11) ............................. in piedi in

disparte a leccare un gelato, incantati dai musicisti in marsina e farfallino e dai gesti

teatrali e bizzarri con cui (12) ............................. gli archetti sulle corde dei violini

e dei contrabbassi, (13) ............................. , (14) ............................. ,

(15) ............................. la testa e il busto come scossi da una furia appassionata.

**4. Trova le parole che corrispondono alle seguenti definizioni e riempi lo schema;
nella colonna in neretto troverai il nome di un uccello citato nel brano.**

1. È la chiesa dove il papa celebra
   la messa ogni domenica.
2. Da quella del Pincio si gode
   una splendida vista.
3. Piazza del ............... , sottostante
   al Pincio
4. ............... Esedra.

5. Opere di scultura a tutto rilievo.
6. Sono svizzere quelle di S. Pietro.
7. Si celebra ogni domenica.
8. Piccola scala.
9. Quella di S. Pietro domina la città.
10. Il "do" è una ............... musicale.

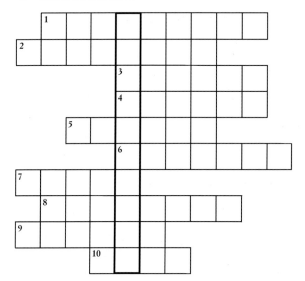

• **Fuori dal testo**

1. **Fra i seguenti gruppi di parole cancella quella estranea.**

| 1. | violino | contrabbasso | chitarra | archetto | sassofono |
| 2. | spalle | muscoli | polpacci | gambe | piedi |
| 3. | tram | autobus | aereo | metro | treno |
| 4. | tango | valzer | mazurca | fox-trot | ballerina |

2. **"...la terrazza *sulla quale* si erge la mole della cupola" (rr. 7-8)**
   **Unisci le seguenti coppie di frasi usando il pronome relativo appropriato,**
   **come nell'esempio:**

**Es.:** Volevamo andare al mare con la macchina. La macchina era senza benzina.
La macchina **con la quale** volevamo andare al mare era senza benzina.

1. Siamo saliti sull'autobus. L'autobus era affollato.

   L'autobus ..................................................................................

2. Siamo entrati in un bar. Il bar era molto piccolo.

   Il bar ..................................................................................

3. Abbiamo mangiato un gelato. Il gelato era molto buono.

   Il gelato ..................................................................................

4. Abbiamo chiesto un'informazione al vigile. Il vigile è stato molto gentile.

   Il vigile ..................................................................................

5. Abbiamo ascoltato delle canzoni. Le canzoni erano molto belle.

   Le canzoni ..................................................................................

6. Mi hanno regalato un libro. Il libro era molto interessante.

   Il libro ..................................................................................

7. Mi hai parlato di una ragazza. La ragazza è partita ieri.

   La ragazza ..................................................................................

8. Quando hai telefonato ti ha risposto un uomo. Quell'uomo è mio padre.

   L'uomo ..................................................................................

9.   Hai comprato un paio di scarpe in un negozio. Il negozio
     è il più economico della zona.

     Il negozio ......................................................................................................

10.  Il dottore ha visitato un bambino. Il bambino ha la febbre.

     Il bambino ......................................................................................................

**3.   "mani *frementi*" (rr. 5-6) (da "fremere")**
     **Scrivi il *participio presente* dei verbi che seguono.**

1.   eccitare          ...........................................

2.   calmare           ...........................................

3.   avvincere         ...........................................

4.   inebriare         ...........................................

5.   ricostituire      ...........................................

6.   rimanere          ...........................................

7.   ingombrare        ...........................................

8.   ricevere          ...........................................

9.   digerire          ...........................................

10.  stancare          ...........................................

11.  opprimere         ...........................................

12.  elettrizzare      ...........................................

13.  avvilire          ...........................................

**4.   Inserisci i *participi presenti* dell'esercizio precedente nelle frasi che seguono.**

1.   Ho fatto una cura ................................. e ora mi sento molto meglio.

2.   Il medico le ha detto che ha dei problemi all'apparato .................................

3.   È stata una gita molto ............................. . Appena sono tornata sono andata al letto.

4.   Hai delle valigie molto ................................................................. .

5. Che libro ................................. ! Non riuscivo a smettere di leggerlo ieri sera.

6. La caffeina è una sostanza ................................. .

7. Che serata ................................. ! Mi sento pieno di energia!

8. Questo vino ha un effetto ................................. .

9. La situazione è ................................. . Le cose non potrebbero andare peggio!

10. L'altra sera ero talmente agitato che ho dovuto prendere un .................................

11. Sulla lettera devi scrivere il mittente e il ................................. .

12. Ha dei genitori veramente ................................. , pretendono di prendere le decisioni al posto suo.

13. Coi soldi ................................. si comprò un paio di scarpe.

## Enzo Siciliano

# Campo de' fiori

*La Roma letteraria tra gli anni '50 e '70 amorevolmente descritta da un intellettuale che ne ha fatto parte. La città di Moravia, di Elsa Morante, di Dacia Maraini, di Bernardo Bertolucci, ma, soprattutto di Pasolini, il cui funerale apre il libro con tutta la sua carica simbolica e commemorativa. Un Pasolini mite e provocatorio, triste critico della società italiana e profeta persino della sua morte.*

1     Nel ricordo, mi sembra stesse facendosi notte. Non so se proprio fosse buio, o ci fosse ancora un residuo di luce. Ricordo, in quel pomeriggio del 5 novembre '75, Laura, Graziella, Ninetto, vicini, schierati come un muro davanti al furgone che portava la bara di Pasolini, un piccolo spazio libero tra la folla assiepata, - e in quel
5     punto una gran luce meridiana. Per il resto, i brandelli del ricordo sono stretti dal buio, attraversati dai bagliori delle lampade di Campo de' fiori, dal freddo di novembre.

    Sto in un vicolo, tra piazza Farnese e Campo de' Fiori, e vedo Moravia, alto fra le teste della gente, che dice, con la voce scheggiata dalla raucedine: "Di poeti ne
10     nascono pochi in un secolo...". Mi trovavo con Flaminia in quel vicolo - era via della Corda.

    Ricordavo l'accento friulano[1] di Pier Paolo, la dolcezza della sua "s". In quei giorni avevo riascoltato più volte il long playing con la sua lettura di Ungaretti: - gli accenti che compitavano i versi. Sembrava, quella lettura, un'analisi del ritmo ungarettiano,
15     ed era un'analisi anche affettuosa. Leggendo, Pier Paolo esprimeva soprattutto il suo affetto per Ungaretti. D'ora in poi, la voce di Pier Paolo sarebbe stata affidata alla replica meccanica.

    "Ne nascono pochi..." La voce di Alberto era viva: ma era una voce ferita.

    Vedevo, in una luce irreale, le tante bandiere rosse che il pci[2] aveva portato al funerale.
20     Pochi, i poeti. Quale era, dunque, il significato di quel mare di teste che gremiva Campo de' fiori?

    Di quel pomeriggio ricordo il passo svelto di Elsa Morante, che si allontana dalla piazza, anche lei per via della Corda. Con Elsa non ci incontriamo da qualche tempo. Le mie critiche a La Storia[3] hanno provocato in lei il rifiuto per la mia persona. In

---

1    friulano: *Pasolini è vissuto per molti anni a Casarsa, nel Friuli Venezia Giulia, una regione del Nord Italia.*
2    PCI: *Partito Comunista Italiano. Pasolini ha sempre avuto un rapporto di amore-odio con la sinistra italiana.*
3    *La Storia: Elsa Morante aveva scritto un romanzo,* La Storia *(1974), che Enzo Siciliano aveva criticato.*

25 quel momento, vorrei parlarle. Elsa cammina con il passo di chi è inseguito da qualcuno. Faccio per prenderle un braccio. Le palpebre le si stringono intorno alle pupille miopi. Mi dice rabbiosa: "Cosa vuoi?".

Su questo, nella memoria, mi si disegna l'immagine di Alberto, la stempiatura marcata da fili di capelli bianchi, il mento sollevato in aria - Alberto che ripete: "Ne nascono 30 pochi...". Nel dolore ebbe l'intuizione di esprimere il significato di quel funerale - la laica sacralità che appartiene comunque a una morte. Furono parole semplici, screpolate in superficie da un'emozione non trattenuta.

Dunque, "pochi i poeti...". La mano che aveva ucciso quel poeta era qualcosa di più che la mano di un ragazzo di vita.[4] Per questo, eravamo lì, tantissimi, su quella 35 piazza. Non si era compiuto soltanto un destino individuale. Quel destino rifletteva qualcosa che riguardava tutti noi: non soltanto amici o uomini di lettere. Anzi, come uomini di lettere, eravamo niente, vanificati in un vortice il cui colore dominante andava sporcandosi di sangue.

La mano di quel ragazzo (soltanto la sua?)[5] aveva lacerato l'inestimabile patrimonio 40 della poesia - un patrimonio che è collettivo, che è storico, che appartiene di diritto a una lingua , - e la lingua è il pensiero di una nazione intera.

---

4    ragazzo di vita: *il ragazzo accusato della morte di Pasolini si prostituiva.* Ragazzi di vita *era anche il titolo di un famoso romanzo di Pasolini.*
5    (soltanto la sua?): *molti pensano che Pelosi, il ragazzo accusato dell'omicidio, non fosse solo, ma che abbia ucciso Pasolini insieme ad altri.*

- **Voi siete qui!**

**Cerca sulla pianta di Roma Campo de' Fiori, Piazza Farnese e via della Corda.**

- **Dentro al testo**

**1.  Dopo aver letto il brano, indica se le seguenti affermazioni sono vere (V) oppure false (F).**

| | | | |
|---|---|---|---|
| 1. | Enzo Siciliano ricorda che il funerale di Pasolini si svolse prima di mezzogiorno. | V ☐ | F ☐ |
| 2. | Il discorso commemorativo fu tenuto da Alberto Moravia. | V ☐ | F ☐ |
| 3. | Pasolini aveva inciso la sua lettura delle poesie di Ungaretti. | V ☐ | F ☐ |
| 4. | Pasolini aveva un accento meridionale. | V ☐ | F ☐ |
| 5. | Elsa Morante era contenta di vedere Enzo Siciliano. | V ☐ | F ☐ |
| 6. | Al funerale parteciparono molte persone. | V ☐ | F ☐ |

**2.  Collega i nomi che seguono agli aggettivi che li accompagnano nel brano.**

| | |
|---|---|
| un patrimonio | individuale |
| una luce | rosse |
| delle bandiere | irreale |
| a passo | miopi |
| le pupille | svelto |
| il destino | inestimabile |

**3.  "Mi sembra che *stesse* facendosi notte. Non so se *fosse* proprio buio..." Completa la frase che segue trasformando i verbi evidenziati dall'*indicativo* al *congiuntivo*.**

*"Mi sembra che, al funerale di Pasolini.....*

a.  Moravia **era** commosso                    ........................................

b.  Moravia **ha detto** che di poeti ne nascono pochi in un secolo  ........................................

c.  Campo de' Fiori **era** gremita di gente      ........................................

d.  Elsa Morante non **voleva** parlare          ........................................

e.  Elsa Morante **camminava** svelta            ........................................

f.  nella piazza c'**erano** molte bandiere del PCI.  ........................................

**4.** **A chi o che cosa si riferiscono i seguenti elementi evidenziati, presenti nel testo?**

1. della **sua** "s" (r. 12) ...........................................

2. la **sua** lettura (r. 13) ...........................................

3. le **mie** critiche (r. 24) ...........................................

4. in **lei** (r. 24) ...........................................

5. la **mia** persona (r. 24) ...........................................

6. parlar**le** (r. 25) ...........................................

7. prender**le** (r. 26) ...........................................

8. **le** si stringono (r. 26) ...........................................

9. **mi** si disegna (r. 28) ...........................................

10. **quel** funerale (rr. 30-31) ...........................................

11. **quella** piazza (rr. 34-35) ...........................................

12. **quel** destino (r. 35) ...........................................

13. **il cui** colore (r. 37) ...........................................

14. di **quel** ragazzo (r. 39) ...........................................

15. la **sua?** (r. 39) ...........................................

**5.** **Trova nel testo le parole che corrispondono alle seguenti definizioni e trascrivile.**

1. cassa di legno dove vengono chiusi i morti (rr. 1-5) .....................................

2. piccoli pezzi (rr. 5-10) .....................................

3. riempiva (rr. 20-25) .....................................

4. che non si può calcolare (rr. 35-40) .....................................

5. di tutti (rr. 35-40) .....................................

---

• **Fuori dal testo**

---

**1.** **"Di poeti *ne* nascono pochi in un secolo..." (rr. 9-10)**
**Trasforma le frasi usando "ne" come nell'esempio.**

**Es.:** C'erano tante bandiere rosse.
Di bandiere rosse ce n'erano tante.

1. Siciliano ha tanti ricordi di Pasolini.

   ......................................................................................

2. C'erano tante persone nella piazza quel giorno.

   ......................................................................................

3. C'era poca luce quel pomeriggio.

   ......................................................................................

4. C'era tanta commozione.

   ......................................................................................

**2.** **"un'analisi *affettuosa*" (r. 15) (da "affetto")**
**Trova i nomi da cui derivano i seguenti aggettivi e trascrivili.**

1. sospettoso          ........................................

2. rispettoso          ........................................

3. premuroso          ........................................

4. dispettoso          ........................................

5. vanitoso          ........................................

6. freddoloso          ........................................

7. caloroso          ........................................

8. invidioso          ........................................

9. pensieroso          ........................................

**3.** "la *dolcezza* della sua "s"" (r. 12) (da "dolce")
Trova gli aggettivi da cui derivano i seguenti nomi e trascrivili.

1.  freddezza          ...........................................

2.  sicurezza          ...........................................

3.  leggerezza         ...........................................

4.  amarezza           ...........................................

5.  tenerezza          ...........................................

6.  riservatezza       ...........................................

7.  timidezza          ...........................................

8.  stanchezza         ...........................................

**4.** "le tante bandiere rosse *che* il PCI..." (r. 19)
"Elsa cammina con il passo di *chi* è inseguito..." (r. 25)
Inserisci nelle frasi che seguono i pronomi *chi* e *che*.

1.  Le partenze sono rese difficili dal maltempo ..................... ha colpito tutta la regione.

2.  La villa al mare è un lusso ..................... non posso permettermi.

3.  Ha l'abitudine di discutere con ..................... gli sta vicino.

4.  È un'occupazione ..................... richiede un aggiornamento continuo.

5.  ..................... hai incontrato?

6.  ..................... ha preso il maglione ..................... era sul letto?

7.  Ti ha detto ..................... ha incontrato?

8.  Restituiscimi il libro ..................... ti ho prestato.

9.  ..................... è quel professore?

10. Quello è il film ..................... preferisco.

# itinerario

- **Piazza Farnese**
- **Via della Corda**
- **Campo de' Fiori**
- **Via dei Baullari**
- **Via S. Pantaleo**
- **Piazza Navona**

**Prima di iniziare, rileggi attentamente i brani di Enzo Siciliano, Carlo Cassola e Marco Lodoli presenti in questo testo.**

A **Piazza Farnese**, con il Tevere alle spalle, si può ammirare **Palazzo Farnese**, il più grande palazzo privato di Roma. Fu iniziato da Antonio da Sangallo il Giovane per il Cardinale Alessandro Farnese; i lavori furono poi diretti da Michelangelo e da Giacomo della Porta. Questo edificio oggi ospita l'ambasciata francese.

Sul lato destro di questo palazzo si trova **via della Corda**. Da questa strada Enzo Siciliano partecipò ai funerali di Pier Paolo Pasolini; quali altri scrittori vide da qui?

Enzo Siciliano vide .................................... che parlava e .................................... che si allontanava dalla Piazza.

Poco più avanti si trova **Campo de' Fiori**, che deve il suo nome a Flora, amata da Pompeo, o ai prati pieni di fiori che occupavano questo spazio prima del XV secolo. Era il luogo dove venivano uccisi i condannati a morte e dove fu bruciato vivo **Giordano Bruno** il 17 febbraio 1600.
Al centro della piazza vi è una statua che ricorda il filosofo e che fu inaugurata nel 1889.
Tutti i giorni, tranne la domenica, a Campo de' Fiori c'è un vivace mercato.

Dopo **via dei Baullari** e **via S. Pantaleo**, girando a destra, si arriva a **Piazza Navona**, la piazza che Leonardo, il personaggio descritto da Carlo Cassola nel brano a p. 162 ammira per la sua bellezza e dove il protagonista de "*I fannulloni*" di Marco Lodoli, porta a passeggiare il suo amico Gabén.
In questa piazza, nel 1477, venne trasferito uno dei mercati principali della città, che si tenne fino al 1869.

Qui, nel 1646, fu iniziata la costruzione del **Palazzo Pamphili**. Collaborò alla stesura del progetto, in seguito, anche il Borromini. Oggi questo palazzo ospita l'ambasciata del Brasile ed il Centro di Cultura Italo-Brasiliano.

**Piazza Navona** occupa lo spazio dell'antico stadio di Domiziano, primo stadio di Roma, e fu fatta risistemare interamente dopo il 1644 dal papa Innocenzo X Pamphili. Al centro si notano la famosissima **Fontana dei Fiumi** del Bernini e, di fronte ad essa, la chiesa di **Sant'Agnese in Agone**, in gran parte opera del Borromini.
La Fontana dei Fiumi rappresenta la personificazione di quelli che venivano considerati i maggiori fiumi dei quattro continenti:

EUROPA     Danubio
AFRICA     Nilo
ASIA       Gange
AMERICA    Rio de la Plata

La statua che rappresenta il Nilo è velata, perché, quando fu costruita, non si conoscevano ancora le sorgenti del fiume.

**Elsa Morante**

# La Storia *(II)*

*Ida, maestra elementare, dopo la morte del marito e del figlio maggiore Nino, la mattina lascia il figlioletto Useppe insieme al cane Bella per andare a lavorare. I due passeggiano nel quartiere del Testaccio, nella Roma del dopoguerra.*

1   Ida finì con l'affidare del tutto Useppe a Bella. Essa sentiva con certezza che la propria fiducia non era sbagliata: e del resto, che altro avrebbe potuto fare? Le uscite con Bella erano il solo svago del ragazzino. Oramai, nel chiuso delle stanzucce, anche Useppe, a somiglianza di Bella, si straniava inquieto come un'anima in pena,

5   tanto che nemmeno alla mattina Ida non osava più di incarcerarlo dentro casa come soleva già nell'inverno. Per solito, dopo la telefonata quotidiana della madre, i due sortivano: tanto che Bella aveva presto imparato a riconoscere lo squillo dell'apparecchio come un pre-segnale di libera uscita: e all'udirlo si dava a fare dei balzi immensi, accompagnati da evviva fragorosi e da piccoli starnuti di soddisfazione.

10   Però, puntualmente, (quasi tenesse un orologio di precisione dentro il suo testone d'orsa) essa alle ore dei pasti riconduceva Useppe a casa.

  Sui primi tempi, i due non si allontanavano troppo da via Bodoni. Le loro colonne d'Ercole erano da una parte il Lungotevere, poi le pendici dell'Aventino, e più in là Porta San Paolo. Forse ancora oggi qualche abitante del quartiere Testaccio ricorda

15   di aver visto passare quella coppia: un cane grosso e un ragazzino piccolo, sempre soli e inseparabili. In certi punti d'importanza speciale, i due si arrestavano, in un doppio palpito irresistibile, per cui si vedeva il ragazzino dondolarsi sulle gambette e il cane agitare febbrilmente la coda. Ma bastava che, dall'altra parte, qualcuno mostrasse d'accorgersi di loro, perché il bambino si ritraesse in fretta, seguito

20   docilmente dal cane. La primavera già riversava all'aperto una folla di rumori, voci, movimenti. Dalle strade e dalle finestre si chiamavano nomi: "Ettoree! Marisa! Umbè!..." e talora anche: "Nino!..." A questo nome, Useppe accorreva trasfigurato e con gli occhi tremanti, staccandosi da Bella di qualche passo verso una direzione imprecisa. E Bella a sua volta alzava un poco le orecchie, quasi a condividere almeno

25   per un attimo quell'allarme favoloso, per quanto sapesse, invero, la sua assurdità. Difatti essa rinunciava a seguire il bambino, accompagnandolo, ferma in attesa, dal proprio posto, con uno sguardo di perdono e d'esperienza superiore. Poi, come Useppe, quasi immediatamente, ritornava indietro svergognato, lo accoglieva con questo medesimo sguardo. Non erano pochi i Nini e Ninetti viventi nel quartiere;

30   e anche Useppe, in verità, non lo ignorava.

- **Voi siete qui!**

**Cerca sulla pianta di Roma il quartiere del Testaccio, in particolare Porta San Paolo.**

- **Dentro al testo**

**1. Dopo aver letto il brano, completa le frasi seguenti, scegliendo tra le alternative date quella giusta.**

1. Useppe e Bella escono...
   a) da soli.                       b) in compagnia di un adulto.    c) con altri bambini.

2. I due escono...
   a) dopo la telefonata di Ida.    b) appena alzati.                c) alle undici.

3. Quando Useppe sente il nome del fratello maggiore...
   a) rimane indifferente.          b) lo cerca pieno di speranza.    c) inizia a piangere.

4. Il cane ed il bambino tornano a casa...
   a) quando è ora di mangiare.    b) la sera tardi.                 c) dopo pochi minuti.

**2. Completa il riassunto del testo con le parole date in fondo in ordine sparso.**

(1) ............................. lasciava a casa Useppe ed il suo cane (2) ............................. e

andava a lavorare. Comunque, non avrebbe potuto fare (3) ............................. .

(4) ............................. aspettavano la telefonata con la quale Ida controllava che tutto

andasse bene e poi uscivano di (5) ............................. .

Giravano insieme per il (6) ............................. e Useppe trasaliva ogni volta che qualcuno,

per la strada, urlava il nome (7) ............................. . Era trascorso del tempo, ma

(8) ............................. non aveva ancora accettato la scomparsa del (9) .............................

*casa - quartiere - i due - diversamente - Ida - fratello - Bella - "Nino" - lui*

# esercizi

**3.** A chi o che cosa si riferiscono gli elementi evidenziati presenti nel testo?

1. **Essa** sentiva (r. 1) ......................................

2. Incarcerar**lo** (r. 5) ......................................

3. All'udir**lo** (r. 8) ......................................

4. **Essa** riconduceva (r. 11) ......................................

5. Le **loro** colonne d'Ercole (rr. 12-13) ......................................

6. accorgersi di **loro** (r. 19) ......................................

7. **Essa** rinunciava (r. 26) ......................................

8. Accompagnando**lo** (r.26) ......................................

9. **Lo** accoglieva (r. 28) ......................................

10. **Lo** ignorava (r. 30) ......................................

**4.** Trova nel testo le parole che hanno lo stesso significato di quelle che seguono e trascrivile.

1. Completamente (rr. 1-5) ......................................

2. Salti (rr. 5-10) ......................................

3. Riportava (rr. 10-15) ......................................

4. Si fermavano (rr. 15-20) ......................................

5. Stesso (rr. 25-30) ......................................

• **Fuori dal testo**

**1.** Unisci le due frasi usando il pronome relativo adatto.

**Es.:** a. Useppe usciva con Bella.
b. Bella era un cane.
Useppe usciva con Bella **che** era un cane.

1. a. I due uscivano dopo una telefonata.
b. Con una telefonata Ida controllava che stessero bene.

......................................................................................

......................................................................................

2.  a. Forse alcune persone ricordano ancora quella strana coppia.
    b. La strana coppia passeggiava lungo le vie del quartiere del Testaccio.

    .............................................................................................................................

    .............................................................................................................................

3.  a. Useppe cercava il fratello ormai morto.
    b. Useppe sentiva urlare il nome "Nino".

    .............................................................................................................................

    .............................................................................................................................

4.  a. C'erano molti Nini e Ninetti nel quartiere.
    b. Useppe lo sapeva.

    .............................................................................................................................

    .............................................................................................................................

**2.**  **"In certi punti d'importanza speciale, i due si arrestavano (...),** *per cui* **si vedeva il ragazzino dondolarsi sulle gambette e il cane agitare febbrilmente la coda." (rr. 16-18)**
    **Unisci le coppie di frasi che seguono in un'unica frase, utilizzando le congiunzioni tra parentesi.**

**Es.:** Si era fermato in mezzo alla strada. Ho suonato il clacson e ho frenato.
    (PER CUI)  Si era fermato in mezzo alla strada,
        **per cui** ho suonato il clacson e ho frenato.
    (SICCOME)  **Siccome** si era fermato in mezzo alla strada,
        ho suonato il clacson e ho frenato.

1.  Ero in ritardo. Ho telefonato per avvertire.

    (SICCOME)
    .............................................................................................................................
    (ALLORA)
    .............................................................................................................................

2.  Sentivo freddo. Ho infilato il maglione.

    (POICHÉ)
    .............................................................................................................................
    (QUINDI)
    .............................................................................................................................

3.  Avevo la febbre. Ho chiamato il medico.

    (DATO CHE)
    ......................................................................................................................................

    (PERCHÉ)
    ......................................................................................................................................

4.  Avevamo ospiti. Non siamo usciti.

    (SICCOME)
    ......................................................................................................................................

    (PERCIÒ)
    ......................................................................................................................................

5.  Ti piace viaggiare. Vienimi a trovare in America!

    (VISTO CHE)
    ......................................................................................................................................

    (ALLORA)
    ......................................................................................................................................

3.  **"...*all'udirlo* si dava a fare dei balzi immensi..." (r. 8)**
    **"...essa rinunciava a seguire il bambino, *accompagnandolo*... con uno sguardo di perdono..." (rr. 26-27)**
    **Trasforma le frasi che seguono dalla forma esplicita alla forma implicita, sostituendo il complemento oggetto con il pronome adatto, come nell'esempio:**

**Es.: Mentre osservavo il bambino,** ho capito che era felice.
    a. **Osservandolo,** ho capito che era felice.
    b. **Nell'osservarlo,** ho capito che era felice.

1.  Mentre cercava la moglie, si chiese quanto fosse cambiato il loro rapporto.

    a. ...........................................................................................................................

    b. Nel .....................................................................................................................

2.  Appena sentirono parlare quel vecchio, lo riconobbero.

    a. ...........................................................................................................................

    b. Nel .....................................................................................................................

3.  Appena sentiva suonare la campana della chiesa, correva ad affacciarsi sul terrazzo.

    a. ...........................................................................................................................

    b. Al .......................................................................................................................

4.  Mentre parlava al ragazzo, capì che non voleva aiutarla.

    a. ...................................................................................................................

    b. Nel ...............................................................................................................

5.  Mentre aiutava l'anziana signora ad attraversare la strada, inciampò e cadde per terra.

    a. ...................................................................................................................

    b. Nell' ............................................................................................................

6.  Mentre aspettava gli amici, fumava una sigaretta.

    a. ...................................................................................................................

    b. Nell' ............................................................................................................

7.  Mentre accompagnavo la mia ragazza a casa, ho assistito ad un incidente.

    a. ...................................................................................................................

    b. Nell' ............................................................................................................

4.  **"Ma *bastava* che... qualcuno *mostrasse* d'accorgersi di loro *perché* il bambino *si ritraesse...*" (rr. 18-19)**
    **Completa le frasi che seguono inserendo i verbi nella forma appropriata del *congiuntivo*.**

1.  Basta che tu (fare) ................................. il tuo dovere, perché le cose

    (funzionare) ................................. in questo ufficio.

2.  Bastava che tu (rispondere) ................................. alla mia lettera,

    perché io non (preoccuparsi) ................................. .

3.  Basta che tu (sbrigarsi) ................................. per non perdere l'inizio del film.

4.  Bastava che noi (avere) ................................. un po' più di tempo,

    perché non (consegnare) ................................. in bianco il compito.

5.  Bastava che io (studiare) ................................. un po' di più,

    perché (passare) ................................. l'esame.

153

6.    Basta che lui (dire) ......................................... di sì, perché l'accordo

(concludersi) ......................................... .

7.    Bastava che loro (essere) ......................................... un po' più gentili,

perché lei non (mettersi) ......................................... a piangere.

8.    Basta che voi (andare) ......................................... in Commissariato,

perché la situazione (risolversi) ......................................... subito.

# IL "TESTACCIO"

**Completa il testo che segue con le parole date in fondo in ordine sparso.**

Il nome di questo quartiere deriva dal latino "testa" (vaso di terracotta, anfora).

La collinetta sulla quale è nato è, infatti, (1).........................................., ed è formata dai resti

di vasi ed (2).............................. che giungevano dai depositi vicini e dal porto nel

(3)......................................... dell'Impero Romano e che venivano ammucchiati qui.

Nel 1883 iniziarono i (4)........................................ per la costruzione delle abitazioni che

furono terminati, però, solo molti (5).................................. dopo.

Oggi il Testaccio è un (6)................................. molto vivo ed animato.

*lavori - artificiale - quartiere - periodo - anfore - anni*

Natalia Ginzburg

# Lui ed io

*Il racconto che segue, scritto a Roma nel 1962, è l'ironica rappresentazione della vita matrimoniale e delle segrete e misteriose alchimie che la tengono viva.*

1 Lui ha sempre caldo; io sempre freddo. D'estate, quando è veramente caldo, non fa che lamentarsi del gran caldo che ha.
Lui sa parlare bene alcune lingue; io non ne parlo bene nessuna. Lui riesce a parlare, in qualche suo modo, anche le lingue che non sa.
5 Lui ha un grande senso dell'orientamento; io nessuno. Lui ama il teatro, la pittura e la musica: soprattutto la musica. Io non capisco niente di musica, m'importa molto poco della pittura e m'annoio a teatro. Amo e capisco una sola cosa al mondo, ed è la poesia.
Lui ama i musei, e io ci vado con sforzo, con uno spiacevole senso di dovere e fatica.
10 Lui ama le biblioteche, e io le odio.
Lui ama i viaggi, le città straniere e sconosciute, i ristoranti. Io resterei sempre a casa, non mi muoverei mai.
Lo seguo, tuttavia, in molti viaggi. Lo seguo nei musei, nelle chiese, all'opera. Lo seguo anche ai concerti, e mi addormento.
15 Non è timido; e io sono timida.
A lui piacciono le tagliatelle, l'abbacchio, le ciliegie, il vino rosso. A me piace il minestrone. (...)
Per me, ogni attività è sommamente difficile, faticosa, incerta. Sono molto pigra, e ho un'assoluta necessità di oziare, se voglio concludere qualcosa, lunghe ore sdraiata
20 sui divani. Lui non sta mai in ozio, fa sempre qualcosa; scrive a macchina velocissimo, con la radio accesa; quando va a riposare il pomeriggio, ha con sé delle bozze da correggere o un libro pieno di note; vuole, nella stessa giornata, che andiamo al cinematografo, poi a un ricevimento, poi a teatro.
Se gli racconto come si è svolto il mio pomeriggio, lo trova un pomeriggio tutto
25 sbagliato, e si diverte, mi canzona e s'arrabbia; e dice che io, senza di lui, non son buona a niente.
Io non so amministrare il tempo. Lui sa.
Io non so ballare, e lui sa.
Non so scrivere a macchina, e lui sa.
30 Non so guidare l'automobile. Se gli propongo di prendere anch'io la patente, non vuole. Dice che tanto non ci riuscirei mai. Credo che gli piaccia che io dipenda, per

tanti aspetti, da lui.

Io non so cantare, e lui sa. È un baritono. Se avesse studiato il canto, sarebbe forse un cantante famoso.

35 Fa il professore e credo che lo faccia bene.

Avrebbe potuto fare molti mestieri. Ma non rimpiange nessuno dei mestieri che non ha fatto. Io non avrei potuto fare che un mestiere, un mestiere solo: il mestiere che ho scelto, e che faccio, quasi dall'infanzia. Neanch'io non rimpiango nessuno dei mestieri che non ho fatto: ma io tanto, non avrei saputo farne nessuno.

40 Io scrivo dei racconti, e ho lavorato molti anni in una casa editrice.

Non lavoravo male, ma neanche bene. Tuttavia mi rendevo conto che forse non avrei saputo lavorare in nessun altro luogo.

Ha lavorato lui pure in una casa editrice. Ha scritto racconti. Ha fatto tutte le cose che ho fatto io, più molte altre. (...)

45 Era, da ragazzo, bello, magro, esile, non aveva allora la barba, ma lunghi e morbidi baffi; e rassomigliava all'attore Robert Donat. Era così quasi vent'anni fa, quando l'ho conosciuto; e portava, ricordo, certi camiciotti scozzesi, di flanella, eleganti. Mi ha accompagnata, ricordo, una sera, alla pensione dove allora abitavo; abbiamo camminato insieme per via Nazionale. Io mi sentivo già molto vecchia, carica di

50 esperienza e d'errori; e lui mi sembrava un ragazzo, lontano da me mille secoli.

Se gli ricordo quell'antica nostra passeggiata per via Nazionale, dice di ricordare, ma io so che mente e non ricorda nulla; e io a volte mi chiedo se eravamo noi, quelle due persone, quasi vent'anni fa per via Nazionale; due persone che hanno conversato così gentilmente, urbanamente, nel sole che tramontava; che hanno parlato

55 forse un po' di tutto, e di nulla; due amabili conversatori, due giovani intellettuali a passeggio; così giovani, così educati, così distratti, così disposti a dare, l'uno dell'altra, un giudizio distrattamente benevolo; così disposti a congedarsi l'uno dall'altra per sempre, quel tramonto, a quell'angolo di strada.

- **Voi siete qui!**

**Cerca via Nazionale sulla cartina di Roma.**

- **Dentro al testo**

1.  Elenca le cose che i due personaggi preferiscono.

Lui ama ....................................     Lei ama ....................................

............................................         ............................................

............................................         ............................................

............................................         ............................................

............................................         ............................................

............................................         ............................................

............................................         ............................................

............................................         ............................................

2.  **Nella seconda parte del brano i due personaggi vengono descritti in modo
    più dettagliato. Trascrivi le parole…**

Lui ...........................................................................................................

.................................................................................................................

.................................................................................................................

.................................................................................................................

.................................................................................................................

Lei ...........................................................................................................

.................................................................................................................

.................................................................................................................

.................................................................................................................

.................................................................................................................

3. **Quando raccontiamo un avvenimento al passato, generalmente usiamo l'*imperfetto* per le descrizioni e le situazioni, ed il *passato prossimo* o il *passato remoto* per le azioni dei personaggi.**

**Es.:** Quando i due protagonisti **si sono conosciuti**, erano molto diversi. **Erano** più aperti e sereni ed **hanno trascorso** insieme un bel pomeriggio.
**Dopo aver riletto l'ultima parte del brano elenca le caratteristiche...**

... del personaggio maschile:    Lui era .............................................................

..........................................................................

..........................................................................

..........................................................................

..........................................................................

... del personaggio femminile:    Lei era .............................................................

..........................................................................

..........................................................................

..........................................................................

..........................................................................

... e le loro azioni:    I due, quel giorno, ...........................................

..........................................................................

..........................................................................

..........................................................................

4. **Trova nel testo le parole che hanno lo stesso significato di quelle che seguono e trascrivile.**

1. bisogno (rr. 15-20)    ...........................................................

2. mi prende in giro (rr. 25-30)    ...........................................................

3. professioni (rr. 35-40)    ...........................................................

4. piena (rr. 45-50)    ...........................................................

5. educatamente (rr. 50-55)    ...........................................................

6. salutarsi (rr. 55-58)    ...........................................................

# esercizi

•    **Fuori dal testo**

---

**1.    Gli aggettivi che seguono sono tratti dal brano che hai appena letto. Per ogni aggettivo scrivi il suo contrario.**

1. grande        ...............................................

2. spiacevole    ...............................................

3. sconosciuto   ...............................................

4. tempestosa    ...............................................

5. rumorosa      ...............................................

6. disordinata   ...............................................

7. complessi     ...............................................

8. giusto        ...............................................

9. legittimo     ...............................................

**2.    "*Non fa che* lamentarsi..." (rr. 1-2) (= si lamenta sempre)
Trasforma le frasi come nell'esempio:**
**Es:**  Quando va al mare passeggia sempre su e giù per la spiaggia.
       Quando va al mare non fa che passeggiare su e giù per la spiaggia.

1.    Quando siamo soli mi ricorda sempre quanto sono stata ingenua a fidarmi di lui.

..................................................................................................

2.    Mi sgrida sempre per ogni minima distrazione.

..................................................................................................

3.    A casa urla e sbraita in continuazione.

..................................................................................................

4.    Da quando si è lasciata col ragazzo piange sempre.

..................................................................................................

5.    È un po' depresso: dorme dalla mattina alla sera.

..................................................................................................

**3.** **"Se** *avesse studiato* **il canto,** *sarebbe* **forse un cantante famoso" (rr. 33-34)**
**Con un po' di fantasia completa le frasi ipotetiche che seguono.**

1.  Se avessi studiato Legge ............................................................................................

2.  Se fossi stato/a ricco/a ..............................................................................................

3.  Se mi fossi sposato/a con Francesco/a .......................................................................

4.  Se mi avessi detto la verità .......................................................................................

5.  Se avessi saputo che mi cercavi ................................................................................

6.  Se fossi arrivato prima all'appuntamento ..................................................................

## Carlo Cassola

# La casa di via Valadier

*La casa di via Valadier, ambientato negli anni del fascismo trionfante, racconta come Anita Turri, vedova di un dirigente socialista, riesce a tenere viva l'illusione di un avvenire migliore raggruppando attorno a sé gli amici del marito scomparso.*

1    (...) L'aria era pungente, ma lui continuava a rimanere appoggiato al davanzale, con addosso soltanto la giacca del pigiama; era freddo, ma un freddo asciutto, non quell'ariaccia umida di Milano. "Sono a Roma" si disse per la terza volta; e fu la fretta di uscire per le strade della sua città che lo decise a richiudere i vetri. In
5    mezz'ora si rase, si lavò, si vestì, e lasciando la stanza nel massimo disordine uscì nel corridoio.
(...)
Stava per uscire, quando la voce sgarbata del portiere: "Resta anche stanotte?". Leonardo si voltò: esitava a rispondere perché per la verità aveva una mezza
10    intenzione di cambiare albergo. "Se va via, bisogna che lasci subito libera la camera" disse il portiere. "No, no, resto" si affrettò a dire Leonardo.
C'era un bar di fianco all'albergo. Leonardo sedette a uno dei due tavolini, nel corridoio tra il lungo banco zincato e la parete; consumò un'abbondante colazione, quindi accese la prima sigaretta della giornata. Fumando, ascoltava con piacere i
15    discorsi del barista. Il barista parlava al ragazzo che, con un grembiulone che gli arrivava al collo, sciacquava le tazzine, i piattini e i cucchiaini. Rosso in faccia, coi capelli neri irti, le mani grosse, il ragazzo dava a vedere di essere venuto da un paese, o addirittura dalla campagna: sì da giustificare l'appellativo brutalmente scherzoso di "burino"[1] con cui il barista gli rivolgeva la parola. Questo barista era un tipico
20    "romano de Roma", grasso, indolente e menefreghista. Aveva fatto appena in tempo a servire il caffè a Leonardo, e poi era venuta a mancare la corrente. "Non c'è corrente" diceva con mal garbo rimandando indietro i clienti. Personalmente non sembrava affatto dispiaciuto di quell'interruzione che gli permetteva di prendersi dieci minuti di riposo. Si riposava fumando e sfottendo[2] il ragazzotto. "A burino,
25    ma che sei stato dal manicure? Ammappete[3] che mani curate hai." Il ragazzotto non rispondeva e nemmeno voltava il capo, solo sembrava diventare sempre più rosso. "Che ti sei fatta la permanente, eh, burinello? Ammappete che ondulazione che te

---

1    burino: *termine romanesco dispregiativo per indicare una persona che viene dalla campagna.*
2    sfottendo: *(da sfottere), romanesco: prendendo in giro.*
3    ammappete: *romanesco, esclamazione: accidenti, caspita.*

ritrovi."

Leonardo un po' prestava orecchio alle parole dell'uomo, un po' si guardava in
30 tralice nella specchiera che era dietro le sue spalle. Tutto sommato, non era molto
cambiato in quegli ultimi anni. L'imbiancatura era ormai completa, le occhiaie erano
ormai più fonde, la curva del naso spiccava sulla faccia devastata simile al becco di
un uccello da rapina; ma era anche l'effetto dei disagi dello sfollamento[4] (così pensava
Leonardo per consolarsi). Del resto non gli importava di invecchiare. L'essenziale
35 era di essersi fatto una casa, una famiglia, di avere un lavoro assicurato, che gli
permettesse di guardare con tranquillità all'avvenire.

Una volta in istrada, rimase un momento incerto sulla decisione da prendere. Era
ancora troppo presto per recarsi in via Valadier. Ma sapeva bene come occupare il
tempo. Non si sarebbe mai stancato di aggirarsi per quelle viuzze piene di animazione.
40 Gli artigiani lavoravano fuori dagli usci delle botteghe, i venditori ambulanti lancia-
vano i loro rochi richiami, i ciclisti gridavano di scansarsi e i pedoni non se ne davano
per inteso. Qualche rara automobile era costretta ad andare poco più che a passo
d'uomo. "Come tutto questo è conforme al carattere dei romani" pensava Leonardo.
"Qui siamo agli antipodi di Milano."
45 Quasi senza avvedersene, sbucò in piazza Navona. La percorse lentamente nel senso
della lunghezza, fermandosi a rimirare la fontana del Bernini e la chiesa del Borromini.
"Questa sì che è una piazza" pensò "e non uno slargo per il traffico. Dio! com'è
bella Roma. Che cosa non pagherei per tornare a viverci."

Finalmente raggiunse il lungotevere. Rimase per un po' appoggiato alla spalletta, a
50 guardare l'acqua giallastra torcersi in pigre volute davanti ai piloni; quindi alzò gli
occhi abbracciando con lo sguardo l'ampio spazio d'aria tra le due opposte sponde
del fiume. "Che senso di respiro dà il fiume alla città. Che cosa è mai una città se
non è attraversata da un fiume?"

4  sfollamento: *durante la guerra molte persone furono costrette a lasciare la casa per paura dei bombardamenti.*

• **Voi siete qui!**

**Cerca sulla pianta di Roma via Valadier e Piazza Navona.**

• **Dentro al testo**

1. **Dopo aver letto il brano, indica se le seguenti affermazioni
   sono vere (V) oppure false (F).**

   1. L'aria di Roma è asciutta, mentre quella di Milano è umida.     V ☐     F ☐

   2. Leonardo decide di cercare un altro albergo.     V ☐     F ☐

   3. Leonardo non ha potuto prendere il caffè
      perché è mancata la corrente.     V ☐     F ☐

   4. Il ragazzo ha i capelli ricci.     V ☐     F ☐

   5. Leonardo ha i capelli bianchi, le occhiaie
      e il naso aquilino.     V ☐     F ☐

   6. Leonardo ha paura di diventare anziano.     V ☐     F ☐

   7. Dopo aver fatto colazione decide di passeggiare
      per le vie della città.     V ☐     F ☐

   8. Leonardo si lamenta del traffico di Roma.     V ☐     F ☐

   9. Leonardo è affascinato dal Tevere.     V ☐     F ☐

2. **Riempi la griglia che segue inserendo le caratteristiche fisiche e del carattere
   dei personaggi del brano elencate in fondo in ordine sparso.**

| LEONARDO | BARISTA | RAGAZZO |
|---|---|---|
| ............................... | ............................... | ............................... |
| ............................... | ............................... | ............................... |
| ............................... | ............................... | ............................... |

*mani grosse - indolente - capelli bianchi - grasso - occhiaie - capelli neri irti - menefreghista -
naso aquilino - rosso in faccia*

**3.** **Trova nel brano le parole che hanno lo stesso significato di quelle che seguono e trascrivile.**

1. Si fece la barba (rr. 1-5) ..........................................

2. Accanto (rr. 10-15) ..........................................

3. Sgarbatamente (rr. 20-25) ..........................................

4. Ascoltava (rr. 25-30) ..........................................

5. Andare (rr. 35-40) ..........................................

6. Spostarsi (rr. 35-40) ..........................................

7. Accorgersi (rr. 40-45) ..........................................

**4.** **Inserisci nelle frasi che seguono i verbi che esprimono le azioni di Leonardo, scegliendoli tra quelli in fondo all'esercizio e coniugandoli nelle forme opportune del *passato*.**

1. Leonardo .................................. a fare colazione nel bar che si trovava accanto all'albergo.

2. Mentre .................................. , .................................. le parole del barista

   e .................................. allo specchio.

3. Dopo essere uscito dal bar, .................................. di passeggiare un po'.

4. Senza rendersene conto, .................................. a Piazza Navona.

5. .................................. attentamente la piazza, la fontana del Bernini e la chiesa del Borromini.

6. Quando .................................. sul lungotevere, .................................. ad ammirare il fiume.

*mangiare - guardarsi - andare - decidere - ascoltare - arrivare - osservare - fermarsi - giungere*

• **Fuori dal testo**

1. **"Il ragazzo (...) sciacquava le *tazzine*, i *piattini* e i *cucchiaini*" (rr. 15-16)**
   **Inserisci nel cruciverba le parole corrispondenti alle definizioni che seguono e nella colonna in neretto apparirà il nome di un oggetto che si usa per mangiare.**

1. Serve a contenere l'acqua o il vino.
2. Contenitore per la frutta.
3. Serve a tagliare cibi solidi.
4. Si usa per bere.
5. Si usa per mangiare cibi solidi.
6. Piccola tazza.
7. Serve per pulire la bocca.
8. In genere è sotto la tazzina.
9. Serve a coprire la tavola.

*Soluzione.*: .................................................................

2. **"....aveva *una mezza intenzione* di cambiare albergo" (rr. 9-10)**
   **Inserisci nelle frasi che seguono le seguenti espressioni contenenti la parola "mezzo/a":**

*una mezza parola - in mezzo ai guai - una mezza cartuccia - mettere in mezzo - andarci di mezzo - una mezza idea*

1. Ho ................................ di andare in vacanza in Grecia quest'estate.

2. Non sa fare niente. È ................................ .

3. Mi ha detto ................................ ma non ho capito bene a cosa si riferisse.

4. Non ti ................................ . Sono problemi che dobbiamo risolvere noi.

5. Sono ................................ : ti prego aiutami!

6. Vedetevela voi! Non voglio ................................ .

**3. Ricomponi le frasi spezzate collegando ogni elemento della colonna A con uno della colonna B.**

| | A | | B |
|---|---|---|---|
| 1. | Mentre andavo in pizzeria | a. | telefonò Giovanna. |
| 2. | Pioveva | b. | così non riuscì a seguire la conferenza. |
| 3. | Mentre ero a tavola | c. | ma partirono ugualmente. |
| 4. | Paolo leggeva un libro | d. | incontrai Mario. |
| 5. | I signori Bianchi erano stanchi | e. | così i vicini protestarono. |
| 6. | Non comprava mai il giornale | f. | ma quel giorno ne acquistò uno. |
| 7. | Il volume della radio era troppo alto | g. | così non andai a scuola. |
| 8. | Non conosceva bene l'inglese | h. | quando gli telefonarono. |

**Ennio Flaiano**

# Un marziano a Roma

*"Un marziano a Roma" è una metafora del disincanto dei romani, i quali, in pochi giorni, si adattano a qualsiasi novità. Persino alla discesa di un marziano, all'epoca l'extraterrestre per antonomasia, che sceso non sulla Terra, ma a Roma, in poche settimane passa inosservato tra la folla e, quando riconosciuto, viene sbeffeggiato dai bulli.*

## 12 ottobre

1 Oggi un marziano è sceso con la sua aeronave a Villa Borghese, nel prato del galoppatoio. Cercherò di mantenere, scrivendo queste note, la calma che ho interamente perduta all'annunzio dell'incredibile evento, di reprimere l'ansia che subito mi ha spinto nelle strade, per mescolarmi alla folla. Tutta la popolazione della periferia si

5 è riversata al centro della città e ostacola ogni traffico. Debbo dire che la gioia, la curiosità è mista in tutti ad una speranza che poteva sembrare assurda ieri e che di ora in ora si va invece facendo più viva. La speranza "che tutto cambierà". Roma ha preso subito l'aspetto sbracato e casalingo delle grandi occasioni. C'è nell'aria qualcosa che ricorda il 25 luglio del 1943[1]; la stessa gente che si abbraccia; le stesse

10 vecchie popolane che passano dirette a immaginarie barricate, inneggiando alla libertà; gli stessi ufficiali di complemento[2] che hanno indossato la divisa, convinti di poter in quell'arnese farsi largo e raggiungere il galoppatoio: che è invece guardato da carri armati della polizia e da due reggimenti in assetto di guerra. Già a piazza Fiume non ci si muove più: la folla pressata, ondeggiante, aspetta, canta, grida,

15 improvvisa danze. Ho visto i primi ubriachi. I tetti degli autobus (fermi questi nelle strade come navi sorprese dall'inverno in un mare glaciale) brulicano di giovani e di bambini che urlano agitando grandi bandiere sporche. I negozi hanno abbassato le saracinesche. A tratti arriva, portato dal vento, un lontano scoppio di applausi che riaccende la curiosità e provoca sbandamenti, una maggiore e più allegra

20 confusione.
Verso le sette ho incontrato pallido, sconvolto dall'emozione il mio amico Fellini. (…) Mi ha descritto poi l'aeronave: un disco di enormi dimensioni, giallo e lucente come un sole. E il fruscio indimenticabile, il fruscio di un foulard di seta, al momento di calarsi al suolo! E il silenzio che ha seguito quel momento! In quel breve attimo

---

1     25 luglio 1943: *arresto di Mussolini, caduta del fascismo.*
2     ufficiali di complemento: *ufficiali che svolgono il servizio obbligatorio di leva.*

25   ha sentito che un nuovo periodo stava iniziando per l'umanità. Le prospettive sono
- mi dice - immense e imperscrutabili. Forse tutto: la religione e le leggi, l'arte e la
nostra vita stessa, ci apparirà tra qualche tempo illogico e povero. Se il solitario
viaggiatore sceso dall'astronave è veramente - e ormai dopo il comunicato ufficiale
sarebbe sciocco dubitarne - l'ambasciatore di un altro pianeta dove tutto si conosce
30   del nostro, questo è il segno che altrove "le cose sono più semplici". Il fatto che il
marziano sia venuto solo dimostra che egli possiede mezzi a noi sconosciuti per
difendersi; e argomenti tali da mutare radicalmente il nostro sistema di vita e la
nostra concezione del mondo. (…) Russo lo descrive come un uomo alto, di
portamento nobile, un po' malinconico. Veste comunemente, come potrebbe vestire
35   uno svedese - ha soggiunto Mazzarella. Ha parlato in perfetto italiano. Due donne
sono svenute quando egli è passato, sorridente, tra i cordoni della polizia, per raggiungere l'auto del Prefetto[3]. Nessuno ha osato avvicinarglisi troppo. Solo un bambino
è corso verso di lui. La scena che è seguita ha strappato grida e lacrime ai presenti.
Il marziano ha parlato al bambino, dolcemente, carezzandolo. Niente altro. Sorrideva
40   ed era stanco.
Mazzarella è particolarmente entusiasta del marziano. Egli ne deduce che le marziane
sono certo migliori delle spagnole e forse anche delle americane. Spera che il marziano
abbia portato con sé i testi poetici della letteratura marziana.


13 ottobre

45   Il marziano è stato ricevuto dal presidente della Repubblica, ieri notte. Verso le due
via Veneto brulicava di folla come in una mattinata domenicale. Si formavano
capannelli attorno ai fortunati che hanno visto da vicino il marziano. Le impressioni
sono tutte favorevolissime. Sembra che il marziano conosca molto bene la nostra
situazione economica, sociale, politica. È un uomo di maniere semplici ma compitis-
50   sime. Non dà molte spiegazioni e non ne chiede nessuna. Quando gli hanno chiesto
perché avesse scelto proprio Roma per la sua visita ha sorriso finemente. Sembra
anche che si tratterrà a Roma molto tempo, forse sei mesi. (…) Il marziano si chiama:
Kunt. Ha propositi pacifici benché altre aeronavi, a suo dire, incrocino nella stratosfera. Il viaggio da Marte alla Terra non dura più di tre giorni. Sulle conversazioni
55   in corso tra il marziano e le autorità non si hanno indiscrezioni. Questo è tutto.


3   Prefetto: *il rappresentante del governo nella Provincia.*

# esercizi

- **Voi siete qui!**

**Cerca sulla cartina di Roma Villa Borghese, Piazza Fiume, via Veneto.**

- **Dentro al testo**

1. **Dopo aver letto il brano, indica se le affermazioni che seguono sono vere (V) oppure false (F).**

1. Il marziano è atterrato sul prato del galoppatoio di Villa Borghese.  V ☐   F ☐

2. La gente è terrorizzata e cerca di scappare.   V ☐   F ☐

3. Il marziano è un uomo alto e di portamento nobile.   V ☐   F ☐

4. È maleducato e ignorante.   V ☐   F ☐

2. **Completa la descrizione di Kunt con le parole date di seguito in ordine sparso.**

*nobile - comunemente - italiano - semplici - pacifici - compitissime - alto - malinconico - svedese*

Kunt è un uomo (1) .......................... , di portamento (2) .......................... un po'

(3) .......................... . Veste (4) .......................... , come potrebbe vestire uno

(5) .......................... . Ha parlato in perfetto (6) .......................... . È un uomo di maniere

(7) .......................... , ma (8) .......................... . Ha propositi (9) .......................... .

3. **"*Sembra che* il marziano conosca molto bene la nostra situazione economica, sociale, politica" (rr. 51-52)**
   **Completa la frase che segue inserendo i verbi al *congiuntivo presente* o all'*indicativo futuro*.**

Sembra che il marziano...

    a. .......................... Kunt.

    b. .......................... alto.

    c. .......................... un portamento nobile.

    d. .......................... comunemente.

    e. .......................... in perfetto italiano.

    f. .......................... propositi pacifici.

    g. .......................... a Roma molto tempo.

**4    A chi o che cosa si riferiscono gli elementi evidenziati che seguono, presenti nel testo?**

1. la **sua** aeronave (r. 1)          ...................................................

2. **ci** si muove (r. 14)          ...................................................

3. il **mio** amico (r. 21)          ...................................................

4. **Mi** ha descritto (r. 22)          ...................................................

5. **ci** apparirà (r. 27)          ...................................................

6. sarebbe sciocco dubitar**ne** (r. 29)          ...................................................

7. **lo** descrive (r. 33)          ...................................................

8. avvicinar**glisi** (r. 37)          ...................................................

9. verso di **lui** (r. 38)          ...................................................

10. carezzando**lo** (r. 39)          ...................................................

11. **ne** deduce (r. 41)          ...................................................

12. non **ne** chiede (r. 50)          ...................................................

13. **gli** hanno chiesto (r. 50)          ...................................................

14. la **sua** visita (r. 51)          ...................................................

15. a **suo** dire (r. 53)          ...................................................

**5.    Trova nel testo le parole che hanno lo stesso significato di quelle che seguono e trascrivile.**

1. astronave (rr. 1-5)          ...................................................

2. del tutto (rr. 1-5)          ...................................................

3. mischiarmi (rr. 1-5)          ...................................................

4. rilassato, disordinato (rr. 5-10)          ...................................................

5. a terra (rr. 20-25)          ...................................................

6. sembrerà (rr. 25-30)          ...................................................

7. stupido (rr. 25-30)          ...................................................

8. cambiare (rr. 30-35)          ...................................................

9. idea, visione (rr. 30-35)          ...................................................

10. piccoli gruppi (rr. 45-50)          ...................................................

11. modi (rr. 45-50)          ...................................................

12. molto educate (rr. 45-50)          ...................................................

13. elegantemente (rr. 50-55)          ...................................................

14. rimarrà (rr. 50-55)          ...................................................

15. nonostante (rr. 50-55)          ...................................................

• **Fuori dal testo**

**1.** **Trasforma le frasi come nell'esempio:**

**Es.:** Ha propositi pacifici, **anche se** altre astronavi **incrociano** nella stratosfera.
Ha propositi pacifici, **benché** altre astronavi **incrocino** nella stratosfera.

1. Il marziano è molto educato, anche se non parla molto.

   ..................................................................................................................

2. La gente è molto contenta, anche se non sa nulla del marziano.

   ..................................................................................................................

3. Il marziano sorrideva, anche se era stanco.

   ..................................................................................................................

4. Il marziano era stanco, anche se il viaggio da Marte alla Terra dura solo tre giorni.

   ..................................................................................................................

**2.** *"Il fatto che* il marziano *sia venuto* solo dimostra che..." (rr. 30-31)
Unisci le coppie di frasi seguenti come nell'esempio:

**Es.:** Ti senti in colpa. Hai sbagliato
**Il fatto che** tu **ti senta** in colpa dimostra/vuol dire/significa che hai sbagliato.

1. È stressata. Ha lavorato troppo.

   ..................................................................................................................

2. Fa amicizia con tutti. È simpatico.

   ..................................................................................................................

3. Ha le occhiaie. È andato al letto tardi stanotte.

   ..................................................................................................................

4. Viaggia molto spesso. Ha molti soldi.

   ..................................................................................................................

5.   Dice sempre la verità. È sincero.

     ...................................................................................................................

6.   Impara molto velocemente. È un ragazzo intelligente.

     ...................................................................................................................

7.   Mi chiede sempre consigli. Si fida del mio giudizio.

     ...................................................................................................................

8.   Mi ha chiesto scusa. Si è pentito per quello che ha fatto.

     ...................................................................................................................

**3.**   **"una mattinata *domenicale*" (r. 46)**
         **Completa la griglia che segue con gli aggettivi giusti.**

Un giorno / una mattina(ta) /      d'autunno      ...............................................................

una sera(ta) / una notte          d'inverno      ...............................................................

                                  di primavera    ...............................................................

                                  d'estate       ...............................................................


una passeggiata /                 di mattina      ...............................................................

telefonata / ecc.                 di pomeriggio  ...............................................................

                                  di sera        ...............................................................

                                  di notte       ...............................................................

## Luigi Pirandello

# Il fu Mattia Pascal *(II)*

1 Pochi giorni dopo ero a Roma, per prendervi dimora.

Perchè a Roma e non altrove? La ragione vera la vedo adesso, dopo tutto quello che m'è occorso, ma non la dirò per non guastare il mio racconto con riflessioni che, a questo punto, sarebbero inopportune. Scelsi allora Roma, prima di tutto

5 perché mi piacque sopra ogni altra città, e poi perché mi parve più adatta a ospitar con indifferenza, tra tanti forestieri, un forestiere come me.

La scelta della casa, cioè d'una cameretta decente, in qualche via tranquilla, presso una famiglia discreta, mi costò molta fatica. Finalmente la trovai in via Ripetta, alla vista del fiume. A dir vero, la prima impressione che ricevetti dalla famiglia che

10 doveva ospitarmi fu poco favorevole; tanto che, tornato all'albergo, rimasi a lungo perplesso se non mi convenisse di cercare ancora.

Su la porta, al quarto piano, c'erano due targhette: PALEARI di qua, PAPIANO di là; sotto a questa, un biglietto da visita fissato con due bullette di rame, nel quale si leggeva: SILVIA CAPORALE.

15 Venne ad aprirmi un vecchio su i sessant'anni (Paleari? Papiano?), in mutande di tela, coi piedi scalzi entro un paio di ciabatte rocciose, nudo, il torso roseo, ciccioso, senza un pelo, le mani insaponate e con un fervido turbante di spuma in capo.

-Oh scusi!- esclamò. - Credevo che fosse la serva... Abbia pazienza: mi trova così... Adriana! Terenzio! E subito, via! Vedi che c'è qua un signore... Abbia pazienza un

20 momentino; favorisca... Che cosa desidera?

- S'affitta qua una camera mobiliata?

- Sissignore. Ecco mia figlia: parlerà con lei. Sù, Adriana, la camera!

Apparve, tutta confusa, una signorinetta piccola piccola, bionda, pallida, dagli occhi cerulei, dolci e mesti, come tutto il volto. Adriana, come me! "Oh, guarda un po'!"

25 pensai. "Neanche a farlo apposta!"

- Ma Terenzio dov'è ?- domandò l'uomo dal turbante di spuma.

- Oh Dio papà, sai bene che è a Napoli, da jeri. Ritirati! Se ti vedessi... - gli rispose la signorinetta mortificata, con una vocina tenera che, pur nella lieve irritazione, esprimeva la mitezza dell'indole.

30 Quegli si ritirò ripetendo: - Ah già! ah già!- strascicando le ciabatte e seguitando a insaponarsi il capo calvo e anche il grigio barbone.

Non potei fare a meno di sorridere, ma benevolmente, per non mortificare di più la figliuola. Ella socchiuse gli occhi, come per non vedere il mio sorriso.

Mi parve dapprima una ragazzetta; poi osservando bene l'espressione del volto,

35 m'accorsi ch'era già donna e che doveva perciò portare, se vogliamo, quella veste

da camera che la rendeva un po' goffa, non adattandosi al corpo e alle fattezze di lei così piccolina. Vestiva di mezzo lutto.

Parlando pianissimo e sfuggendo di guardarmi (chissà che impressione le feci in prima!), m'introdusse, attraverso un corridojo bujo, nella camera che dovevo
40 prendere in affitto. Aperto l'uscio, mi sentii allargare il petto, all'aria, alla luce, che entravano per due ampie finestre prospicenti il fiume. Si vedeva in fondo Monte Mario, Ponte Margherita e tutto il nuovo quartiere dei Prati fino a Castel Sant'Angelo; si dominava il vecchio ponte di Ripetta e il nuovo che vi si costruiva accanto; più in là, il ponte Umberto e tutte le vecchie case di Tordinona che seguivan la voluta
45 ampia del fiume; in fondo, da quest'altra parte, si scorgevano le verdi alture del Gianicolo, col fontanone di San Pietro in Montorio e la statua equestre di Garibaldi.

- **Voi siete qui!**

1. Cerca via di Ripetta sulla cartina di Roma.

2. Cerca sulla cartina tutti i luoghi che si vedono dalla finestra della camera in cui entra Adriano Meis.


- **Dentro al testo**

1. **Dopo aver letto il brano, indica se le seguenti affermazioni sono vere (V) oppure false (F).**

    1. Il protagonista decide di trasferirsi a Roma perché è una città che offre tanti divertimenti.　　　　V ☐　　F ☐

    2. Il signore anziano che apre la porta ad Adriano Meis si stava lavando.　　　　V ☐　　F ☐

    3. Adriana è una ragazzina.　　　　V ☐　　F ☐

    4. La camera che il protagonista deve prendere in affitto è molto luminosa.　　　　V ☐　　F ☐

2. **A chi si riferiscono gli elementi evidenziati, presenti nel testo?**

    1. **la** dirò (r. 3)　　　.......................................

    2. **la** trovai (r. 8)　　　.......................................

    3. **lei** (r. 22)　　　.......................................

    4. **gli** rispose (r. 27)　　　.......................................

    5. **la** rendeva (r. 36)　　　.......................................

    6. **vi** si costruiva (r. 43)　　　.......................................

3. a. **Come viene descritta fisicamente Adriana? Inserisci i dati.**

Statura:　　.......................................

Capelli:　　.......................................

Viso:　　.......................................

Occhi:　　.......................................

b. Trova nel brano le espressioni che si riferiscono al carattere di Adriana
   e trascrivile qui di seguito.

.............................................................................................................................

.............................................................................................................................

.............................................................................................................................

4. Collega i nomi seguenti agli aggettivi che li accompagnano nel brano.

le alture          ampie
la camera          mobiliata
le finestre        equestre
la statua          verdi

5. Nel testo ci sono 9 parole alterate. Trovale e riscrivile qui sotto.
   Attento ai falsi alterati!

1. ........................................          6. ........................................

2. ........................................          7. ........................................

3. ........................................          8. ........................................

4. ........................................          9. ........................................

5. ........................................

Avrai notato che sono tutti diminutivi, tranne due che sono accrescitivi. Quali?

........................................................

........................................................

• **Fuori dal testo**

1. "La ragione vera *la* vedo adesso" (r. 2) (= vedo la ragione vera adesso)
   Trasforma le frasi che seguono come nell'esempio tratto dal testo.

1. Scelsi Roma perché mi piaceva.

Roma ............................................................................................................................

2.  Trovai la camera in Via Ripetta.

La camera  ..................................................................................................

3.  Guardai bene la ragazza.

..................................................................................................

4.  Apprezzai molto il panorama.

..................................................................................................

5.  Affittai subito la stanza.

..................................................................................................

**2.  Completa la griglia che segue trasformando gli aggettivi in nomi
e i nomi in aggettivi.**

| AGGETTIVI | NOMI |
|---|---|
| 1.  simpatico | .......................................... |
| 2.  gentile | .......................................... |
| 3.  .......................................... | timidezza |
| 4.  modesto | .......................................... |
| 5.  ipocrita | .......................................... |
| 6.  .......................................... | ottimismo |
| 7.  .......................................... | mitezza |
| 8.  egoista | .......................................... |
| 9.  dinamico | .......................................... |
| 10.  .......................................... | maleducazione |
| 11.  sensibile | .......................................... |
| 12.  avaro | .......................................... |

**3.**   **Ora scrivi il contrario dei seguenti aggettivi.**

1.   simpatico            .............................................

2.   estroverso           .............................................

3.   aperto               .............................................

4.   sincero              .............................................

5.   leale                .............................................

6.   ottimista            .............................................

7.   dinamico             .............................................

8.   modesto              .............................................

9.   sicuro di sé         .............................................

10.  altruista            .............................................

11.  generoso             .............................................

12.  sensibile            .............................................

13.  educato              .............................................

# esercizi

## FAI IL PUNTO E VAI AVANTI!

1. **Dopo aver letto i brani di questa sezione, sapresti collegare le descrizioni ai personaggi cui appartengono?**

DESCRIZIONI:

A. È alto, di portamento nobile, un po' malinconico. Veste come uno svedese.

B. La domenica porta i figli in giro per Roma. A Piazza Esedra fischietta le canzoni dell'orchestrina.

C. Ha i capelli bianchi, le occhiaie profonde ed il naso aquilino.

D. Con la voce rauca fa un elogio a Pasolini durante il suo funerale ("Di poeti ne nascono pochi in un secolo")

E. È bionda, pallida, ha gli occhi cerulei. Veste a mezzo lutto.

F. È un bambino molto affezionato al suo cane.

G. Lui ha un grande senso dell'orientamento, ama il teatro, la pittura e la musica; lei ama e capisce una cosa sola al mondo, la poesia.

PERSONAGGI:

1. Il papà descritto da Elena Gianini Belotti.

2. Alberto Moravia in "Campo de' fiori".

3. I protagonisti di "Lui ed io".

4. Kunt, il marziano.

5. Useppe

6. Leonardo.

7. Adriana.

A. ................ B. ................ C. ................

D. ................ E. ................ F. ................ G. ................

## GIOCHIAMO!

**Sapresti riconoscere queste piazze e questi monumenti di Roma?**

1  2  3
4  5  6
7  8  9

*Colosseo, Piazza di Spagna, Fontana di Trevi, Foro Romano, Piazza Navona, Pantheon,*
*Castel S. Angelo, San Pietro, Vittoriale/Campidoglio*

1. ........................................
2. ........................................
3. ........................................
4. ........................................
5. ........................................

6. ........................................
7. ........................................
8. ........................................
9. ........................................

# e per concludere...

Pier Paolo Pasolini

# Roma malandrina

Dico sempre a tutti, quando mi capita, che Roma è la città più bella del mondo. Delle città che conosco, è quella dove preferisco vivere: anzi, ormai, non concepisco di vivere altrove. Gli incubi peggiori sono quelli in cui sogno di dover lasciare Roma per tornare nell'Italia del nord. La sua bellezza è naturalmente un mistero: possiamo ricorrere al barocco, all'atmosfera, alla composizione tutta depressioni e alture del terreno, che dà continue inaspettate prospettive, al Tevere che la solca aprendole in cuore stupendi vuoti d'aria, e soprattutto alle stratificazioni degli stili che a ogni angolo a cui si svolti offre la vista di una sezione diversa, che è un vero trauma per l'eccesso della bellezza. Ma Roma sarebbe la città più bella del mondo, se, contemporaneamente, non fosse la città più brutta del mondo?

Naturalmente bellezza e bruttezza sono legate: la seconda rende patetica e umana la prima, la prima fa dimenticare la seconda.

I punti della città solo belli, e i punti della città solo brutti sono rari. Quando la bellezza si isola ha qualcosa di archeologico nel miglior caso: più spesso è espressione di una storia non democratica, in cui il popolo è lì a far colore, come in una stampa del Pinelli.

E così - al contrario - quando la bruttezza si isola, e giunge fin quasi all'atroce, non è mai completamente depressiva e scostante: la fame, il dolore vi sono allegoria, la storia è la storia nostra, quella del fascismo, della guerra, del dopoguerra: tutta tragica, ma in atto, e per questo piena di vita.

## 1. LUCE, COLORE, RUMORE

**Alessandro Baricco -** *La Cappella Sistina, ascoltando Tom Waits*

Prova a descrivere una tua visita ad un monumento o ad un luogo famoso.
Prendi spunto dal brano di Alessandro Baricco: introduci la visita,
parla degli odori, dei rumori, esponi le tue idee su quello che hai visto e concludi
con una breve considerazione.

.................................................................................................................................

.................................................................................................................................

.................................................................................................................................

.................................................................................................................................

.................................................................................................................................

.................................................................................................................................

.................................................................................................................................

.................................................................................................................................

.................................................................................................................................


**Enzo Biagi -** *Roma*

Scegli alcuni dei personaggi citati nel brano e racconta un loro possibile incontro
nei dintorni di Piazza di Spagna.

.................................................................................................................................

.................................................................................................................................

.................................................................................................................................

.................................................................................................................................

.................................................................................................................................

.................................................................................................................................

.................................................................................................................................

.................................................................................................................................

.................................................................................................................................

# per scrivere

**Domenico Starnone -** *Eccesso di zelo*

**Immagina di essere anche tu nel bar in cui si reca il protagonista, e prova a raccontare la storia.**

*Era una mattina piovosa. Ero in un bar, seduto in un angolo e stavo bevendo un caffè.*

*Improvvisamente entrò un uomo* ...........................................................................

...........................................................................................................................

...........................................................................................................................

...........................................................................................................................

...........................................................................................................................

...........................................................................................................................

...........................................................................................................................

...........................................................................................................................

**Michele Serra -** *Tutti al mare*

**Descrivi una spiaggia che conosci (in Italia o nel tuo Paese). Cerca, quando è possibile, di non utilizzare il verbo *essere*. Se vuoi, puoi usare alcuni dei seguenti verbi: *presentarsi, estendersi, apparire, sembrare, assomigliare***

Segui questo schema:
1.  Dove si trova questa spiaggia?
2.  Come sono la spiaggia e la sabbia?
3.  Quali sono i frequentatori abituali?
4.  Nel momento della tua descrizione chi si trova sulla spiaggia? Cosa fa?

...........................................................................................................................

...........................................................................................................................

...........................................................................................................................

...........................................................................................................................

...........................................................................................................................

...........................................................................................................................

...........................................................................................................................

...........................................................................................................................

# per scrivere

Pier Vittorio Tondelli - *Pao Pao (I)*

Scrivi due brevi testi, uno sull'inverno e uno sull'estate. (Puoi scrivere un racconto, una poesia, o semplicemente fare una descrizione).

L'inverno                                          L'estate

.....................................................          .....................................................

.....................................................          .....................................................

.....................................................          .....................................................

.....................................................          .....................................................

.....................................................          .....................................................

.....................................................          .....................................................

.....................................................          .....................................................

.....................................................          .....................................................

Federico Fellini - *Fare un film (I)*

Ti sarà certamente capitato di vedere la tua città in modo diverso dal solito, notando qualcosa che fino a quel momento ti era sfuggito. Scrivi un breve testo rispondendo, se vuoi, alle domande che seguono.

*In che periodo /stagione dell'anno hai avuto la rivelazione?*
*A che ora?*
*È stata la luce del sole, della luna, delle stelle o altro a mostrarti la nuova prospettiva?*
*Che cosa hai visto di diverso o di nuovo?*

.........................................................................................................................

.........................................................................................................................

.........................................................................................................................

.........................................................................................................................

.........................................................................................................................

.........................................................................................................................

.........................................................................................................................

.........................................................................................................................

.........................................................................................................................

.........................................................................................................................

.........................................................................................................................

# per scrivere

Prova a descrivere un aspetto, un monumento o un luogo di una città
che ti ha colpito particolarmente.
Puoi servirti, se vuoi, anche degli aggettivi che ti riportiamo qui sotto:

La strada: affollata /deserta   ampia /stretta
Il vento: fresco /caldo   umido /secco   forte /debole
Il cielo: limpido /sereno   azzurro /luminoso   nuvoloso /minaccioso
Un monumento: antico /moderno   storico   restaurato   simbolico   famoso

........................................................................................

........................................................................................

........................................................................................

........................................................................................

........................................................................................

........................................................................................

........................................................................................

........................................................................................

Corrado Alvaro - *Roma vestita di nuovo*

"Roma è la città dove si fa caso alle stagioni, alle giornate, alle ore."
Ora pensa ad un panorama che conosci bene (per esempio che vedi ogni giorno
da una delle finestre della tua casa) e prova a descriverlo sottolineando
le differenze con il passare delle stagioni.

In autunno

.................................................

.................................................

.................................................

.................................................

.................................................

In inverno

.................................................

.................................................

.................................................

.................................................

.................................................

In primavera

.................................................

.................................................

.................................................

.................................................

In estate

.................................................

.................................................

.................................................

.................................................

## 2. LA CITTÀ DIFFICILE

**Clara Sereni** - *Il gioco dei regni*

Immagina di dover lasciare in breve tempo, contro la tua volontà, la casa in cui abiti e racconta in una lettera quello che provi ad un/a amico/a.
Spiega che cosa o chi ti obbliga a traslocare, descrivi la casa che lasci e quella in cui andrai ad abitare, ed esprimi le tue sensazioni.

Caro/a ...................................................................................................................

..........................................................................................................................

..........................................................................................................................

..........................................................................................................................

..........................................................................................................................

..........................................................................................................................

..........................................................................................................................

**Miriam Mafai** - *Pane nero*

Riassumi, in terza persona, le testimonianze delle due donne utilizzando non più di 40 parole.

I donna

II donna

.......................................................       .......................................................

.......................................................       .......................................................

.......................................................       .......................................................

.......................................................       .......................................................

.......................................................       .......................................................

.......................................................       .......................................................

**Ennio Flaiano** - *Fregene*

Riassumi il brano usando non più di 60 parole.

..........................................................................................................................

..........................................................................................................................

..........................................................................................................................

..........................................................................................................................

# per scrivere

**Marco Lodoli** - *I fannulloni*

Immagina di essere Gabén. Prova a raccontare il tuo incontro con il protagonista del brano alla Stazione Termini.

..................................................................................................................................

..................................................................................................................................

..................................................................................................................................

..................................................................................................................................

..................................................................................................................................

..................................................................................................................................

..................................................................................................................................

..................................................................................................................................

..................................................................................................................................

## 3. LA CITTÀ SULLO SFONDO

**Enzo Siciliano** - *Campo de' fiori*

Al funerale di Pasolini, Enzo Siciliano ed Elsa Morante non si sono parlati; se l'avessero fatto, cosa si sarebbero detti? Prova ad immaginare un possibile dialogo tra i due.

**Siciliano:** Elsa, scusa...
**Morante:** Cosa vuoi?

Siciliano:.............................................................................................................................

..................................................................................................................................

Morante:..............................................................................................................................

..................................................................................................................................

Siciliano:.............................................................................................................................

..................................................................................................................................

Morante:..............................................................................................................................

..................................................................................................................................

# per scrivere

Elsa Morante - *La Storia (II)*

Immagina di essere Useppe. Racconta una delle tue passeggiate con Bella (puoi basarti sul testo che hai letto, puoi usare la fantasia o, se hai mai avuto un cane, puoi servirti di qualche ricordo personale).

.......................................................................................................................................

.......................................................................................................................................

.......................................................................................................................................

.......................................................................................................................................

.......................................................................................................................................

.......................................................................................................................................

.......................................................................................................................................

.......................................................................................................................................

.......................................................................................................................................

Natalia Ginzburg - *Lui ed io*

Scrivi un breve testo (o discuti con un compagno) sui tuoi gusti.
Che cosa ti piace/non ti piace riguardo: l'arte, i viaggi, il tempo libero, il lavoro, il cibo? Quali sono le tue abitudini? Come ami trascorrere le tue giornate?

.......................................................................................................................................

.......................................................................................................................................

.......................................................................................................................................

.......................................................................................................................................

.......................................................................................................................................

.......................................................................................................................................

.......................................................................................................................................

.......................................................................................................................................

.......................................................................................................................................

.......................................................................................................................................

# per scrivere

Prova ad immaginare che cosa può essere accaduto ai due protagonisti del brano in questi venti anni ed inventa una breve storia.

...................................................................................................................

...................................................................................................................

...................................................................................................................

...................................................................................................................

...................................................................................................................

...................................................................................................................

...................................................................................................................

...................................................................................................................

**Carlo Cassola** - *La casa di via Valadier*

Nel brano Cassola descrive prima il viso del protagonista riflesso in uno specchio e poi l'animazione delle vie che circondano Piazza Navona. In entrambi i casi utilizza l'*imperfetto indicativo* e costruisci degli "elenchi" usando delle frasi coordinate le une alle altre (L'imbiancatura *era* ormai completa, le occhiaie *erano* ormai più fonde, la curva del naso *spiccava* sulla faccia devastata... - rr. 30-32).
Utilizzando lo stesso tempo verbale e la stessa struttura sintattica, descrivi:

IL VISO DI UNA DONNA ANZIANA

...................................................................................................................

...................................................................................................................

...................................................................................................................

...................................................................................................................

IL MERCATO DI UN PICCOLO PAESE

...................................................................................................................

...................................................................................................................

...................................................................................................................

...................................................................................................................

# per scrivere

Ennio Flaiano - *Un marziano a Roma*
> Immagina di essere Kunt che arriva sulla Terra. Prova a descrivere le tue sensazioni e quello che vedi intorno a te.

..................................................................................................

..................................................................................................

..................................................................................................

..................................................................................................

..................................................................................................

..................................................................................................

..................................................................................................

..................................................................................................

..................................................................................................

Luigi Pirandello - *Il fu Mattia Pascal (II)*
> Descrivi l'*aspetto fisico* e il *carattere* di una persona che conosci.
> Per aiutarti abbiamo elencato qui di seguito alcune caratteristiche fisiche importanti.

**Statura:** alto / basso / di media statura. **Corporatura:** magro / robusto / grasso
**Capelli:** biondi / castani (chiari / scuri) / neri / rossi / grigi / bianchi / brizzolati  lisci /
mossi / ricci   corti / lunghi. **Occhi:** celesti / verdi / marroni / neri   grandi / piccoli
**Fronte:** alta (o spaziosa) / bassa. **Sopracciglia:** folte / rade / sottili. **Naso:** piccolo / grande /
all'insù / a patata / aquilino. **Orecchie:** grandi / piccole / a sventola
**Bocca:** grande / piccola. **Labbra:** sottili / carnose

..................................................................................................

..................................................................................................

..................................................................................................

..................................................................................................

..................................................................................................

..................................................................................................

..................................................................................................

..................................................................................................

..................................................................................................

# per scrivere

**Immagina di essere Adriana. Racconta la visita a casa tua di Adriano Meis.**

..................................................................................................................................

..................................................................................................................................

..................................................................................................................................

..................................................................................................................................

..................................................................................................................................

..................................................................................................................................

..................................................................................................................................

..................................................................................................................................

..................................................................................................................................

..................................................................................................................................


## 4.  ED ORA... ESPRIMI IL TUO GIUDIZIO!

**Secondo te, quale autore ha dato la migliore definizione di Roma?**

...............................................................................................

**Riportala qui di seguito:**

..................................................................................................................................

..................................................................................................................................

..................................................................................................................................

..................................................................................................................................


**Quale descrizione della città ti è piaciuta di più?**

Quella data da ...............................................................................................................

**Perché?**

..................................................................................................................................

..................................................................................................................................

..................................................................................................................................

..................................................................................................................................

**5.  SE HAI AVUTO LA FORTUNA DI VISITARE ROMA ....**

**Quale luogo consideri più affascinante?**

.............................................................................................................

.............................................................................................................

.............................................................................................................

**E quale più inquietante?**

.............................................................................................................

.............................................................................................................

.............................................................................................................

# Soluzioni degli esercizi

# LUCE, COLORE, RUMORE

ALESSANDRO BARICCO - La Cappella Sistina, ascoltando Tom Waits

• **Dentro al testo**

**1.** a. V; b. V; c. V; d. F; e. F; f. V; g. F.

**2.** *Sequenza*: a d f e b c.

**3.** *Sequenza*: 4 6 3 7 2 5 1.

**4.1** a. Odore di umanità/odore di palestra/di classe di liceo alla quinta ora/di pullman d'estate.

**4.1** b. Boato uniforme e continuo/frastuono.

**4.2** 2. Giudizio finale/Adamo ed Eva/Diluvio universale/La Creazione.

**5.** *1.* La Cappella Sistina; *2.* Arrivi nella Cappella Sistina; *3.* Nel cunicolo; *4.* La Cappella Sistina; *5.* Nella Cappella Sistina; *6.* Il giudizio finale; *7.* La parte; *8.* Gli astronauti; *9.* Un astronauta: *10.* Il panino; *11.* Icona impareggiabile; *12.* Dio; *13.* Gli strati; *14.* Vado nella Cappella Sistina.

**6.** Affresco restaurato – Lavato con il Dixan; Lager, stadio cileno – Folla dei visitatori della Cappella Sistina; Colori tipici di Laura Ashley – Mezzetinte, tinte pastello; Corpi dei dannati e dei salvati – Astronauti nella navicella spaziale; Astronauti nello spazio – Granelli di sabbia; Pulizia etnica – Diluvio universale.

**7.** Walkman – Cuffiette; Cunicolo – Corridoio; Boato – Frastuono; Colpa – Castigo; Astronauta – Navicella spaziale; Mela – Serpente.

• **Fuori dal testo**

**1.** FARE SILENZIO: Silenzio! / Per favore silenzio / Si prega di fare silenzio / I signori sono pregati di rispettare questo luogo e fare silenzio.
NON SCATTARE FOTOGRAFIE: È vietato scattare fotografie / Non è consentito l'uso di apparecchi fotografici / I signori sono pregati di rispettare le indicazioni e non scattare fotografie / In questo luogo non è consentito scattare fotografie.

**2.** *1.* Si arriva; *2.* Si entra; *3.* Si sente; *4.* Ci si vedeva; *5.* Ci si aspetta; *6.* Si deve; *7.* Si scoprono… si mettono.

**3.** *1.* L'esame l'ho fatto ieri; *2.* La minestra la devi mangiare tutta/devi mangiarla tutta; *3.* La valigia la preparo adesso; *4.* I compiti li devo ancora fare/devo ancora farli; *5.* Le regole le ho già imparate; *6.* Quel film l'avete già visto?; *7.* Il problema lo conosciamo già; *8.* Il direttore non l'ho ancora visto; *9.* I dati li hai inseriti nel computer?; *10.* Le schede le hai già compilate; *11.* I miei amici li ho visti ieri sera; *12.* La tua ragazza non l'ho ancora conosciuta.

**La Basilica di San Pietro:** 5, 1, 3, 2, 4, 6.
**La Cappella Sistina:** 3, 1, 4, 2, 6, 5.

## ENZO BIAGI - Roma

• **Dentro al testo**

1. *1.* Dal Cardinal Mazzarino; *2.* Nella zona c'era la rappresentanza diplomatica spagnola presso il Vaticano; *3.* Via delle Carrozze, via Condotti, via del Babuino; *4.* In primavera, a maggio; *5.* È diventata un punto di passaggio per molti che non vivono nel quartiere; *6.* Come "una madre che non ti chiede nulla e non si aspetta nulla".
2. *1.* La piazza; *2.* Da Giacomo Leopardi; *3.* Piazza di Spagna; *4.* Sulla piazza; *5.* La merce degli "Hippies-artigiani"; *6.* Lì, a piazza di Spagna.
3. Giacomo Leopardi – Via delle Carrozze; Vittorio Alfieri – Locanda del Sartore; John Keats – a destra della scalinata; Liszt – Albergo Alibert; Shelley – a destra della scalinata; Casanova – Ambasciata spagnola; Winckelmann – Trattoria della Barcaccia; Wagner – Caffè Greco; De Chirico – Caffè Greco; Goethe – Caffè Greco; Corrado Alvaro – Appartamento con le finestre sulla piazza.
4. *1.* Prendevano i pasti; *2.* Grida; *3.* Di sicuro; *4.* Appioppare; *5.* Esibiscono; *6.* Un tempo.

• **Fuori dal testo**

1. *1.* Il più antico; *2.* Il più disponibile; *3.* Gentilissima; *4.* Più disponibile; *5.* La più bella; *6.* Bellissimo; *7.* Più caldo; *8.* La più preparata; *9.* Più grande; *10.* Meno intelligente.
2. *1.* La festa a cui sono stata sabato è stata molto divertente;
   *2.* Il ragazzo di cui ti ho fatto vedere la foto è il mio fidanzato;
   *3.* La pizzeria in cui siamo stati ieri sera era molto economica;
   *4.* Il motivo per cui vi abbiamo fatto venire qui è che vogliamo mostrarvi queste foto;
   *5.* La ragazza a cui ho prestato il libro è andata in vacanza;
   *6.* Il tavolo su cui ho poggiato le chiavi è all'ingresso;
   *7.* Gli amici con cui sono andato al cinema sono molto simpatici.

3.

| Fiori | Gioielli | Negozi |
|---|---|---|
| Margherita | Collana | Tabaccheria |
| Tulipano | Ciondolo | Farmacia |
| Girasole | Orecchini | Libreria |
| Orchidea | Bracciale | Gioielleria |
| Azalea | Spilla | Alimentari |

soluzioni

---

• **Itinerario:**

---

PIAZZA DI SPAGNA...

**La Crocifissione di San Pietro**
*Quanti personaggi sono rappresentati?* 4
*Cosa stanno facendo?* Tre uomini stanno legando ed inchiodando S. Pietro alla croce.
*Da dove proviene la luce?* Da sinistra
*Cosa illumina?* Il volto del santo e le spalle degli altri uomini.
*Descrivi il viso e l'espressione di San Pietro.* (libero)

**La Conversione di San Paolo**
*Quanti personaggi sono rappresentati?* 2
*Cosa stanno facendo?* S. Paolo è caduto da cavallo e lo staffiere controlla l'animale.
*Da dove proviene la luce?* Da destra
*Cosa illumina?* S. Paolo ed il cavallo
*Descrivi San Paolo. Come sono i suoi occhi?* (libero) I suoi occhi sono chiusi.

DOMENICO STARNONE - Eccesso di zelo

---

• **Dentro al testo**

---

1. *1.* V; *2.* V; *3.* V; *4.* F; *5.* F.
2. Vestiti bagnati / Camicia e pantaloni incollati alla pelle / Schizzi di fango / Acqua negli occhi / Occhiali appannati / Suoni fastidiosi nelle orecchie / Senso di vertigine (come se qualcuno pompasse liquido caldo contro i timpani).
3. *1.* Odiosa; *2.* A dirotto; *3.* Deserte; *4.* Appannati; *5.* Fitta; *6.* Spalancava.
4. *1.* Restò; *2.* Si decise; *3.* Corse; *4.* Sostò; *5.* Si rassegnò; *6.* Gli pompasse; *7.* Discese; *8.* Imboccò.

---

• **Fuori dal testo**

---

1. *1.* Sesto senso; *2.* Senso del dovere; *3.* Perso i sensi; *4.* In un certo senso; *5.* In senso contrario; *6.* A senso unico; *7.* Senso di colpa; *8.* Il senso dell'udito; *9.* Fa senso; *10.* Andate a senso; *11.* Buon senso.

2.

| Capi d'abbigliamento | Alberi | Cibi per la colazione | Elementi atmosferici |
|---|---|---|---|
| Camicia | Quercia | Tè | Smog |
| Pantaloni | Cipresso | Biscotti | Pioggia |
| Maglia | Salice | Marmellata | Grandine |
| Gonna | Platano | Cappuccino | Neve |
| Cappotto | Pino | Cornetto | Nebbia |

**3.** **Suggerimenti per il dialogo:**
*Barista:* Dopo tutto il caldo che abbiamo avuto, è bello andare in giro di prima mattina, sotto la pioggia.
*Protagonista:* Ma come fa a dire una cosa simile! Questa pioggia è terribile!
*Barista:* Ma stavo scherzando, su, non se la prenda! Il cappuccino lo vuole caldo o tiepido?
*Protagonista:* Caldo. Inoltre, vorrei due cornetti.
*Barista:* Però! Questa pioggia le ha messo appetito!
*Protagonista:* È che mi sento un po' debole stamattina.... Grazie e arrivederci!
*Barista:* Grazie a lei e buona giornata!


# MICHELE SERRA - Ostia


• **Dentro al testo**

**1.** *1.* Torvaianica; *2.* Castel Porziano; *3.* Castel Porziano; *4.* Ostia; *5.* Torvaianica; *6.* Ostia.
**2.** *Sequenza:* c; b; e; a; d.
**3.** *1.* Feriale; *2.* Tramontana; *3.* Arenile; *4.* Battigia; *5.* Gratuita; *6.* Sondaggio.


• **Fuori dal testo**

**1.** *1.* Paio; *2.* Budino; *3.* Yoghurt; *4.* Bottiglia; *5.* Lattina; *6.* Cicca; *7.* Barattolo; *8.* Scatola.
**2.** v. Testo.
**3.** *1.* Giocatore; *2.* Insegnante; *3.* Dirigente; *4.* Lavoratore; *5.* Supplente; *6.* Calcolatore; *7.* Cantante; *8.* Simulatore.


# PIER VITTORIO TONDELLI - Pao Pao (I)


• **Dentro al testo**

**1.** **Roma a ferragosto** Deserta / Attraversata da turisti, Cinematografari, Militari in libera uscita
**Roma invernale** Fredda / Piovosa e bagnata / Ventosa (spazzata da pungenti raffiche di vento) / Fa buio presto (la luce si spegna già nel primo pomeriggio) / Gelida
**2.** *1.* Percorsa; *2.* Pungenti raffiche di vento; *3.* Si insinuano; *4.* Spalare; *5.* Macerie; *6.* Sisma; *7.* Scruto; *8.* Giubbone; *9.* Androide; *10.* Pietanze.

**3.** *1.* Insinuavano; *2.* Percorrevo; *3.* Era; *4.* Spegneva; *5.* Scrutavo; *6.* Portavano; *7.* Partiva; *8.* Era; *9.* Ho incontrato.

• **Fuori dal testo**

**1.** *1.* Qualche; *2.* Alcune; *3.* Alcuni; *4.* Qualche; *5.* Qualche; *6.* Alcuni; *7.* Qualche; *8.* Alcune; *9.* Qualche; *10.* Qualche.

**2.** Gennaio 2; Febbraio 11; Marzo 5; Aprile 10; Maggio 7; Giugno 6; Luglio 9; Agosto 3; Settembre 4; Ottobre 12; Novembre 8; Dicembre 1.

**3.** L'INVERNO: *da sinistra verso destra:* pioggia; nebbia; cappotto; guanti; neve; sciarpa. L'ESTATE: *dall'alto verso il basso:* mare; ombrellone; bagno; riposo; sole; vacanze; zoccoli; spiaggia; tropici; costume da bagno; sudore; caldo.

## PIER VITTORIO TONDELLI - Pao Pao (II)

• **Dentro al testo**

**1.** *1.* Sale su un albero; *2.* Nel traffico della città; *3.* Si sente vivo; *4.* Compra i giornali, dei panini, due birre e il fernet; *5.* In farmacia acquista le gocce per il mal di testa e i fazzoletti di carta; *6.* Per telefonare al fratello e per bere wiskey; *7.* Perché il compagno di corso del fratello cercherà di fargli avere una convalescenza.

**2.** *1.* Dal muro; *2.* Di Roma; *3.* Nel rumore della città; *4.* Il fratello del narratore; *5.* Del fratello del narratore.

**3.** *1.* I fischi delle guardie; *2.* Il canto di Roma; *3.* Le sirene dei caramba; *4.* I giornali del mattino; *5.* I fazzolettini di carta; *6.* Il mal di testa; *7.* Un compagno di corso.

**4.** *1.* Sono fatto; *2.* Ho preso; *3.* Ho comprato; *4.* Ho bevuto; *5.* Ho telefonato; *6.* Ha mandato; *7.* Sarebbe arrivato; *8.* Stava; *9.* Avrebbe cercato; *10.* Stavo.

• **Fuori dal testo**

**1.** *1.* Caramelle; *2.* Aranciata; *3.* Torta; *4.* Trimestre.

**2.** *1.* c; *2.* g; *3.* i; *4.* e; *5.* ...quando andrò al Commissariato di Polizia; *6.* ...se verrai al Convegno; *7.* ...quando avrò fatto le pulizie; *8.* a; *9.* ...quando sarà necessario; *10.* ...se non avrò altri impegni.

**3.** *1.* c; *2.* d; *3.* e; *4.* b; *5.* a; *6.* f.

IL COLOSSEO: *Sequenza:* 2  4  6  5  8  1  7  3

## FEDERICO FELLINI - Fare un film  (I)

• **Dentro al testo**

1. *1.* b;  *2.* a;  *3.* b.
2. **a:** *1.* La luce; *2.* Una brezza delicata; *3.* Un'atmosfera sonora, una eco. **b:** Profondo. **c:** Il sentimento di quiete / un altro senso del tempo, della vita, di te stesso...
3. *1.* Una malia antica; *2.* Dei giudizi negativi; *3.* Una brezza delicata; *4.* Un contatto profondo; *5.* Degli spazi polverosi.
4. *1.* È apparsa; *2.* Ha fatto; *3.* Ho scoperto; *4.* Ha vibrato; *5.* Ho avvertito; *6.* Ha cancellato.

• **Fuori dal testo**

1. *1.* Disattento; *2.* Sleale; *3.* Sgradevole; *4.* Disordinato; *5.* Scortese; *6.* Disonesto; *7.* Disabitato; *8.* Scontento; *9.* Sfortunato; *10.* Disarticolato.
2. *1.* Infelice; *2.* Irreale; *3.* Insoddisfatto; *4.* Inutile; *5.* Irresponsabile; *6.* Incompreso; *7.* Incapace; *8.* Infedele; *9.* Irrazionale; *10.* Incondizionato; *11.* Irrealizzabile; *12.* Irregolare; *13.* Impossibile; *14.* Irragionevole; *15.* Improbabile.
3. *1.* A; *2.* In…a; *3.* In; *4.* In; *5.* In; *6.* A; *7.* In; *8.* In; *9.* In…a; *10.* A.

## FEDERICO FELLINI - Fare un film  (II)

• **Dentro al testo**

1. *a.* F;  *b.* V;  *c.* V;  *d.* F;  *e.* V;  *f.* F;  *g.* V.
2. *1.* Che cos'è Roma; *2.* Che cos'è Roma; *3.* A Roma; *4.* Degli intellettuali; *5.* Gli intellettuali; *6.* Di Roma.

• **Fuori dal testo**

1. *1.* Ed in quel momento; *2.* Dato che (visto che); *3.* Per questo; *4.* Visto che (dato che); *5.* Simile a; *6.* Tuttavia.
2. *1.* b; *2.* c.; *3.* a; *4.* b; *5.* a; *6.* c; *7.* b; *8.* a.
3. *Cielo:* bluastro / biancastro / grigiastro / rossastro.
   *Mare:* azzurrastro / bluastro / grigiastro
   *Prato:* verdastro / giallastro.
   *Inchiostro:* bluastro / nerastro / azzurrastro
   *Sole:* giallastro / rossastro.
   *Asfalto:* nerastro / grigiastro

**4.**   *1.* Esistenza; *2.* Concetto; *3.* Sentimento; *4.* Emozione; *5.* Sensazione; *6.* Persona; *7.* Ragione; *8.* Fondamento; *9.* Essenza; *10.* Superficie.


## CORRADO ALVARO - Roma vestita di nuovo

• **Dentro al testo**

**1.**   1/a; 2/b; 3/a
**2.**   *1.* Meridiana; *2.* Balenio; *3.* Travertino; *4.* Avvisaglie; *5.* Sazia.
**3.**   1. Ignazio; 2. Facciata; 3. Palla; 4. Cannone; 5. Tragico; 6. Luce; 7. Colli; 8. Obelisco; 9. Orologio.
   *Soluzione:* GIANICOLO

• **Fuori dal testo**

**1.**   *1.* Fossi; *2.* Avesse perso; *3.* Importasse; *4.* Avessero vinto; *5.* Volesse; *6.* Avessi rotto.
**2.**   *1.* Vada; *2.* Faccia; *3.* Sia; *4.* Dica; *5.* Abbia; *6.* Scrivano.


CHIESA DI S. IGNAZIO DI LOYOLA
**1.** Costruita; **2.** Capolavoro; **3.** Nucleo; **4.** Pianta; **5.** Cappelle; **6.** Cupola.


IL GIANICOLO
**1.** Punti; **2.** Quartiere; **3.** Monumenti; **4.** Colline; **5.** Città; **6.** Occupata; **7.** Oggi.


# LUCE, COLORE, RUMORE

• **Fai il punto e vai avanti!**

**1.**   Fellini: A, B, D, E; Alvaro: F; Serra: C;
**2.**   *1.* Ossessivo/incubo; *2.* Estraneo/vederla/fastidio; *3.* Ibrida/grottesca; *4.* Piovosa/fredda/bagnata/solitario.
**3.**   *1.* d; *2.* a; *3.* b; *4.* c; *5.* f; *6.* e; *7.* g.

# LA CITTÀ DIFFICILE

## GLI ANNI '30 E LA GUERRA

### CLARA SERENI - Il gioco dei regni

- **Dentro al testo**

**1.** *1.* F; *2.* F; *3.* V; *4.* F; *5.* V; *6.* V.
**2.** *1.* Sgombero; *2.* Strapazzo; *3.* Chini; *4.* Migliorie; *5.* Sventrata; *6.* Supplementare; *7.* Incombenze.
**3.** *1.* Di Alfonsa; *2.* Di Alfonsa; *3.* Ad Alfonsa; *4.* Ad Alfonsa; *5.* Ermelinda e Angelo; *6.* In via Sommacampagna; *7.* Alfonsa; *8.* Di Finimola; *9.* Finimola.

- **Fuori dal testo**

**1.** *1.* Per ore; *2.* Ormai; *3.* Mai più; *4.* Prima; *5.* Un'altra volta; *6.* Intanto.
**2.** *1.* Quando sarà installata la caldaia; *2.* Dopo che ebbero fatto il trasloco; *3.* Quando saranno finiti i lavori; *4.* Dopo che furono pubblicati; *5.* Quando avrai fatto la spesa; *6.* Dopo che ebbe consultato la bibliografia; *7.* Dopo che fu condannato all'ergastolo; *8.* Quando si è concluso l'incontro; *9.* Dopo che ebbe vinto la regata.

### MIRIAM MAFAI - Pane nero

- **Dentro al testo**

**1.** *1.* c; *2.* b; *3.* a; *4.* b.
**2.** *Sequenza*: a, d, e, b, c.
**3.** *1.* Assaltare; *2.* Colma; *3.* Svaligiato; *4.* Si rodevano l'anima; *5.* Affannarsi; *6.* Avevi la pancia; *7.* Acchiappato.
**4.** *1.* C'erano; *2.* Si affacciò; *3.* Gridò; *4.* Lasciò; *5.* Imboccò; *6.* Attraversò.

- **Fuori dal testo**

1. *1.* Il cibo veniva cercato tutto il giorno; *2.* La farina, i fagioli ed i ceci venivano rubati dalle donne; *3.* Per assaltare i forni e i depositi venivano formati dei gruppi e venivano sfondate le porte; *4.* Le mogli che cercavano il cibo venivano osservate dagli uomini, nascosti nelle case; *5.* Spesso dalle donne veniva fatta per ore la fila davanti alle bancarelle del mercato; *6.* Venne organizzato un corteo dai romani riuniti in piazza San Pietro.

## ELSA MORANTE - La Storia

- **Dentro al testo**

1. *1.* V; *2.* V; *3.* F; *4.* F; *5.* F.
2. I sandaletti di misura eccessiva; i calzoncini di colore turchino; la suola di sughero; il vestito di cretonne; le scarpe di pezza; la camiciolina quadrettata.
3. v. testo (rr. 11-22)
4. *1.* Di Ida; *2.* Di Ida; *3.* Di Useppe; *4.* Di Useppe; *5.* Di Ida e Useppe; *6.* A Ida; *7.* Useppe; *8.* A Ida; *9.* Di Ida; *10.* A Ida; *11.* Useppe; *12.* A Useppe; *13.* Dell'albero; *14.* Ida; *15.* Useppe.
5. *1.* Sporte; *2.* Pezza; *3.* Stinta; *4.* Levò; *5.* Frammenti; *6.* Al suolo; *7.* Riversato; *8.* Assestandosi; *9.* Palparlo; *10.* Stretta.

- **Fuori dal testo**

1. *1.* Con; *2.* Di; *3.* Di; *4.* Con; *5.* Di; *6.* Con; *7.* Di; *8.* Di; *9.* Con; *10.* Con.
2. *1.* Sua; *2.* Suoi; *3.* Mia; *4.* Tuo; *5.* Vostri; *6.* Loro; *7.* Propria; *8.* Suoi; *9.* Loro; *10.* Miei.
3. *1.* Quando era incinta non metteva altro che vestiti larghi.; *2.* L'anno scorso non leggevo altro che libri d'avventura.; *3.* Quando voglio rilassarmi non sento altro che musica classica.; *4.* In TV non guardava altro che il telegiornale.; *5.* Era un problema parlare con lui: non conosceva altro che la sua lingua.
4. *1.* Nitrire/nitrisce; *2.* Barrito/barrisce; *3.* Abbaiare/abbaia; *4.* Miagolio/miagolare; *5.* Muggire/muggisce; *6.* Grugnito/grugnire; *7.* Belato/bela; *8.* Squittire/squittisce; *9.* Ruggito/ruggisce; *10.* Cinguettio/cinguettare.
5. Soluzione: UNA MELA AL GIORNO TOGLIE IL MEDICO DI TORNO.

SAN LORENZO
**1.** Accanto; **2.** Basilica; **3.** Costruito; 4. Bombardamento; 5. Pizzerie.

**Carciofi alla romana:** *1.* Togli; *2.* Spunta; *3.* Apri; *4.* Metti; *5.* Bagnali; *6.* Metti; *7.* Innaffiali; *8.* Copri; *9.* Continua; *10.* Disponi.

## GLI ANNI '50: LE PERIFERIE IN CAMMINO

### PIER PAOLO PASOLINI - Una vita violenta

- **Dentro al testo**

1. *1.* V; *2.* F; *3.* F; *4.* V; *5.* V.
2. *1.* A causa dell'inondazione; *2.* Perché avevano l'aria pensierosa; *3.* a. Un uomo stava seduto su un materasso; b. Un altro uomo si asciugava i piedi; c. Una donna piangeva; d. Le altre donne si disperavano; e. I bambini in fasce erano stati messi tutti su un tavolo; f. Le madri li guardavano; *4.* Il panno rosso bagnato.
3. *1.* Sei ; *2.* Un cappottino; *3.* Tre o quattro; *4.* Spalle. / Erano... (v. testo, rr. 2-6)
4. *1.* Il più piccolo; *2.* A Tommaso; *3.* Nella sede del partito; *4.* Quelli che la consolavano; *5.* I bambini in fasce; *6.* Nelle catapecchie.
5. *1.* Carucci; *2.* Musetto; *3.* Melma; *4.* Studiato; *5.* Sgrulloni; *6.* Pedalini; *7.* Cantone; *8.* Calca.

- **Fuori dal testo**

1. *1.* Forte forte; *2.* Piccolo piccolo … buono buono; *3.* Sicuro sicuro; *4.* Lontano lontano; *5.* Zitta zitta; *6.* Forte forte; *7.* Leggera leggera; *8.* Piano piano; *9.* Vicino vicino; *10.* Grande grande.
2. *1.* Coniglio; *2.* Iena; *3.* Volpe; *4.* Oca; *5.* Civetta; *6.* Orso; *7.* Asino; *8.* Lumaca; *9.* Mulo; *10.* Scoiattolo.
3. *1.* Tutti…nessuno; *2.* Niente; *3.* Tutto; *4.* Nessuno…tutti; *5.* Tutti; *6.* Tutto; *7.* Niente; *8.* Tutto; *9.* Nessuno; *10.* Tutti…nessuno.

### ENNIO FLAIANO - Fregene

- **Dentro al testo**

1. *1.* Otto; *2.* Sei; *3.* Assumono un aiuto; *4.* Arriva il camion del fruttivendolo; *5.* Del prezzo delle pesche.

207

**2.**

| Chi? | Il ragazzino parcheggiatore. | Il fratello | Il vicino di casa | Il fruttivendolo |
|---|---|---|---|---|
| Quanti anni ha? | Otto anni | Sei anni | Cinque anni | |
| Che lavoro fa | Guarda le macchine sulla spiaggia | Aiuta il fratello | Aiuta i due fratelli | Vende la frutta |
| Quando lavora? | Tutti i giorni | Tutti i giorni | La domenica | |
| Quanto guadagna? | | | Un gelato da 50 lire e un biglietto del cinema | |
| Perché lavora? | Per mantenere la famiglia | Per mantenere la famiglia | Perché gli piace | |
| Quando arriva a Fregene? | | | | Verso mezzogiorno |

**3.** *1.* Del parcheggiatore; *2.* Dei due fratelli; *3.* Il vicino di casa; *4.* Al vicino di casa; *5.* Il vicino di casa; *6.* Le pesche.

**4.** *1.* Aspramente; *2.* Il maggiore; *3.* Voltarsi; *4.* Seguita; *5.* Riverbero.

**5.** v. testo (rr. 3-9)

• **Fuori dal testo**

**1.** *1.* Fortunatamente; *2.* Facilmente; *3.* Difficilmente; *4.* Celermente; *5.* Precisamente; *6.* Caparbiamente; *7.* Ruvidamente; *8.* Umilmente.

**2.** *1.* Fai/fa'; *2.* Dimmi; *3.* Dammi; *4.* Fai/fa'; *5.* Vai/va'; *6.* Fai/fa'; *7.* Sii; *8.* Abbi; *9.* Sappi; *10.* Dammi; *11.* Fammi…stai; *12.* Vai/va'…vacci.

**3.** *1.* Centosessantacinquemilanovecento; *2.* Quattromilioniseicentosettantamila; *3.* Trentacinquemilanovecentocinquanta; *4.* Settantanovemilacinquecento; *5.* Trecentoquarantasettemilaseicento; *6.* Sedicimilionicinquecentomila; *7.* Ventottomilioniduecentonovantamila; *8.* Cinquemilionitrecentoventunomila.

## ALBERTO MORAVIA - Racconti romani

• **Dentro al testo**

**1.** *1.* Dalla stazione di Trastevere; *2.* Gli autisti buttano sul pavimento e sui sedili dell'autobus un disinfettante puzzolente; *3.* Fabbriche abbandonate, un palazzo con gli arconi, una chiesa; *4.* La zona industriale di Roma.

**2.** il disinfettante puzzolente – le mattine dolci – l'erba pallida – il vento fiacco e umodo – le fabbriche abbandonate – i pennacchi lunghi – il fumo nero – i cilindri bassi e larghi

**3.** *1.* davanti; *2.* A destra; *3.* A sinistra; *4.* Al di là; *5.* Dietro.

**4.** *Soluzioni orizzontali:* 1. Colombaia; 2. Sorta; 4. Fiacco.
*Soluzioni verticali:* 1. Capolinea; 3. Arconi.

• **Fuori dal testo**

**1.** *1.* a; *2.* b; *3.* c; *4.* b; *5.* b; *6.* a; *7.* c; *8.* a

**2.** *1.* Se vai al cinema ci vengo anch'io!; *2.* Conosco bene Napoli perché ci vado spesso.; *3.* Se mi dai un foglio ci scrivo subito il mio indirizzo.; *4.* Quando ero piccolo andavo tutte le estati al mare. Ora non ci vado più.; *5.* Parto per Venezia: ci vieni anche tu?; *6.* Ravenna è una città molto interessante: andateci.; *7.* La prossima settimana vado a Londra, ma non penso di restarci per molto tempo.; *8.* - Andare in Africa può essere molto pericoloso: non andarci /non ci andare, ti prego!- Sì, ma dev'essere molto eccitante: voglio andarci /ci voglio andare!; *9.* La mostra di Picasso è molto interessante: vacci e non te ne pentirai.; *10.* Voglio visitare Siena: penso di andarci domenica / penso che ci andrò domenica.; *11.* La Galleria d'Arte Moderna non è molto lontana da qui: per arrivarci basta girare...; *12.* - Stasera non posso proprio venire al cinema con te, mi dispiace. - Non fa niente: possiamo andarci /ci possiamo andare un altro giorno.

**3.**

| ARTICOLO | MESTIERE | DOVE LAVORA | COSA FA |
| --- | --- | --- | --- |
| il | contadino | in campagna | lavora la terra |
| l' | operaio | in fabbrica | lavora alle macchine |
| il | falegname | in falegnameria | lavora il legno |
| il | musicista | nelle sale da concerto | suona, tiene i concerti |
| l' | insegnante | in una scuola | insegna |
| il | camionista | sulla strada | guida il camion |
| il | giardiniere | in giardino | sistema il giardino |
| l' | avvocato | in tribunale | difende o accusa gli imputati |
| il | commesso | in un negozio | serve i clienti |
| il | meccanico | in una officina | ripara le automobili |
| il | segretario | in un ufficio | risponde al telefono, scrive al computer, ecc. |
| il | giornalista | in una redazione | scrive articoli |
| il | dottore | in un ospedale | cura i malati |

**4.** *1.* Te ne vai; *2.* Me ne sono andato/a; *3.* Andartene; *4.* Andiamocene; *5.* Andartene; *6.* Andatevene; *7.* Se ne è andato; *8.* Ve ne foste andati/e; *9.* Me ne sarei andato/a; *10.* Ce ne andiamo?

## LA METROPOLI: SOLITUDINE E DIFFICOLTÀ

### SUSANNA TAMARO - Anima mundi  (I)

• **Dentro al testo**

**1.** *1.* V; *2.* F; *3.* V; *4.* F; *5.* V.
**2.** *1.* b; *2.* c; *3.* b; *4.* a; *5.* a
**3.** *1.* Aperte (r. 5); *2.* Inferno (r. 5); *3.* Moderni (r. 6); *4.* Inferiore (r. 14); *5.* Lunghissima (r. 12)
**4.** *1.* Una quarantina (r. 3); *2.* Parecchie (r. 1); *3.* Abbiamo impiegato (r. 12); *4.* Di sicuro (r. 4)
**5.** *1.* Ci sono; *2.* È; *3.* C'è; *4.* Aspettiamo; *5.* Cade; *6.* Arriva; *7.* Si aprono; *8.* Dico; *9.* Ascolta; *10.* Si infila; *11.* C'è; *12.* Rimango; *13.* Si chiudono; *14.* Impieghiamo; *15.* Va; *16.* Si paga.

• **Fuori dal testo**

**1.** *1.* Molliccia; *2.* Cameretta / comodino; *3.* Villino / gioiellino; *4.* Rapina; *5.* Rossetto / borsetta; *6.* Nipotino / bambino; *7.* Capriccio.
Parole alterate: Cameretta - Molliccia – Nipotino – Villino – Gioiellino – Borsetta
**2.** *1.* Un traffico così l'abbiamo incontrato solo l'anno scorso a Roma.; *2.* Una torta così buona l'avevo mangiata solo al compleanno di mia cugina.; *3.* Scarpe così alte le ho portate solo al matrimonio di Luca e Francesca.; *4.* Una vacanza così rilassante l'avevamo fatta solo in Francia cinque anni fa. *5.* Ad una festa così divertente ci sono stato l'estate scorsa.
**3.** *1.* A fare le pulizie da sola, ci avrebbe messo più tempo./Se avesse fatto le pulizie da sola, ci avrebbe messo più tempo. *2.* Ad andarci in autobus, avremmo respirato meno aria inquinata./Se fossimo andati in autobus, avremmo respirato meno aria inquinata.; *3.* A farlo in aereo, il viaggio sarebbe stato più breve./Se l'avessimo fatto in aereo, il viaggio sarebbe stato più breve.; *4.* Ad andarci in macchina, avresti guadagnato tempo./Se fossi andato in macchina, avresti guadagnato tempo.
**4.** *1.* C'era una professoressa a fare lezione.; *2.* C'era un bambino a suonare il pianoforte.; *3.* C'era un cameriere a servire i clienti.; *4.* C'era una hostess a ricevere gli ospiti.; *5.* C'erano dei poliziotti a fare la guardia.; *6.* C'era una segretaria a fare le fotocopie.; *7.* C'era un'infermiera a fare le iniezioni.; *8.* C'erano degli amici a farmi compagnia.; *9.* C'era un fotografo a scattare le foto.
**5.** *1.* g; *2.* a; *3.* h; *4.* b; *5.* f; *6.* e; *7.* c; *8.* d.

## SUSANNA TAMARO - Anima mundi (II)

• **Dentro al testo**

**1.** *Affermazioni presenti nel testo: a, b, d.*
**2.** *1. c; 2. g; 3. d; 4. e; 5. b; 6. a; 7. f.*
**3.** *1. Mentre aspettavo; 2. Succedesse; 3. Iniziato; 4. Percorrevo; 5. Farmi passare; 6. Aveva un cattivo odore; 7. Camminava; 8. Triste; 9. Correvano; 10. Dalle sirene; 11. Piene; 12. Inutili; 13. Aumentavano.*

• **Fuori dal testo**

**1.** *1. Rispondessi; 2. Tornasse; 3. Chiamasse; 4. Dicesse; 5. Raggiungessi; 6. Smettesse.*
**2.** *1. Da; 2. Da; 3. Di; 4. Di /da; 5. Da; 6. Di / da; 7. Da; 8. Da /di*
**3.** *1. Ero inseguito dalla polizia.; 2. Non ero ascoltato da mia madre.; 3. Non era capito dai suoi genitori.; 4. Non siamo visti da nessuno.; 5. Sono stato chiamato dalla segretaria della scuola.; 6. Le foglie erano mosse dal vento.; 7. La torta è stata fatta da mia sorella.; 8. Siamo stati svegliati dal rumore delle macchine.; 9. Siamo stati bloccati dal traffico.; 10. Sono stato accompagnato da un mio amico.*

## MARCO LODOLI - I fannulloni

• **Dentro al testo**

**1.** *1. Alla Stazione Termini; 2. Perché c'è tanta gente piena di speranze e aspettative; 3. Un ragazzo nero, un venditore ambulante; 4. Occhiali colorati; 5. Sembra illuminata da un sole estivo; 6. Un cappuccino con la cioccolata; 7. Vive a Cinecittà con due iugoslavi e un tunisino; 8. Lo porta a vedere il Colosseo, San Pietro, piazza Navona, piazza di Spagna.*
**2.** *1. Essere giunti; 2. Torto; 3. Ingiuria; 4. Strepitosi; 5. Ambulanti; 6. Carabattole; 7. Ventagli; 8. Montature; 9. Zitella; 10. Palandrana; 11. I piedi scalzi; 12. Alette; 13. Mercanzia; 14. Avvoltoi; 15. Scattanti; 16. S'allenta.*
**3.** *Protagonista:* È un signore anziano, pensionato; indossa una cravatta a righe e un cappello (rr. 24-26).
*Gabèn:* È un ragazzo nero, un venditore ambulante che vende occhiali colorati. È seduto per terra, avvolto in una palandrana, con i piedi scalzi (rr. 19-20).Ha circa trenta anni (rr. 35-38).

- **Fuori dal testo**

1. *1. a.* Mi registri la cassetta / me la registri; *b.* Ci registri la cassetta / ce la registri; *2. a.* Vi affitto la casa / ve la affitto; *b.* Ti affitto la casa / te la affitto; *3. a.* Ti compro il biglietto / te lo compro; *b.* Gli compro il biglietto / glielo compro; *4. a.* Le presto la macchina / gliela presto; *b.* Gli presto la macchina / gliela presto; *5. a.* Le dico la verità /gliela dico; *b.* Ti dico la verità / te la dico; *6. a.* Vi preparo il pranzo / ve lo preparo; *b.* Gli preparo il pranzo / glielo preparo; *7. a.* Ti chiedo il favore / te lo chiedo; *b.* Le chiedo il favore / glielo chiedo; *8. a.* Vi facciamo la domanda / ve la facciamo; *b.* Gli facciamo la domanda / gliela facciamo

2. *1.* Sia; *2.* Abbia avuto; *3.* Debba; *4.* Abbia detto; *5.* Manchi; *6.* Siano.

3. *1.* Voglia; *2.* Sappiamo; *3.* Conoscano; *4.* Studi; *5.* Sia; *6.* Faccia; *7.* Me ne intenda.

4. TUNISIA– tunisino. CUBA – cubano. CILE – cileno. ALGERIA – algerino. NIGERIA – nigeriano. SLOVENIA – sloveno. MAROCCO – marocchino. BRASILE – brasiliano. IRAQ – iracheno. ISOLE FILIPPINE – filippino. VENEZUELA – venezuelano. ROMANIA – rumeno. LIBANO – libanese. VIETNAM – vietnamita. SENEGAL – senegalese. YEMEN – yemenita. ALBANIA – albanese. ARABIA SAUDITA – saudita. PORTOGALLO – portoghese

5. *1.* Tuta da ginnastica; *2.* Sala da tè; *3.* Scarponi da montagna; *4.* Vestito da sera; *5.* Occhiali da sole; *6.* Scarpe da tennis / racchetta da tennis; *7.* Schiuma da bagno; *8.* Gioco da tavolo.

# ENNIO FLAIANO – Diario degli errori

- **Dentro al testo**

1. *1.* V; *2.* F; *3.* F; *4.* V
2. *1.* Seggo; *2.* Ipocrita; *3.* Viltà; *4.* Un seguito; *5.* Avaro; *6.* Chiasso.
3. *1.* Avevo; *2.* Restavano; *3.* Avevo; *4.* Interessava; *5.* Respingeva; *6.* Invecchiavano; *7.* Cominciavo; *8.* Avrei cambiato.

- **Fuori dal testo**

1.a *Sentimento:* Moto dell'animo, affetto e emozione.
   *Presentimento:* Sensazione anticipata e confusa, vago presagio.
   *Risentimento:* Reazione di sdegno o di irritazione provocata da un'ingiuria o da un'offesa.. (dal *Il Nuovo Zingarelli*, XI Edizione)
1.b Il prefisso "pre-" di "presentimento" significa "precedente / anteriore" (il prefisso "pre-" indica anteriorità nel tempo, nello spazio, nel modo o qualità). Ha lo stesso

significato in: prestabilito, premunirsi, pregiudizio, preannunziare, preavviso, predestinare, prematuro, premettere, prenotare.

**1. c** Il prefisso "ri-" indica la ripetizione dell'azione in: rialzare, rianimare, riaprire, riattaccare, riattivare, rigenerare, rinascere, riordinare, riunire, rileggere.

**2.** *1. a.* Arrivando prima ci saremmo seduti / *b.* Se fossimo arrivati prima ci saremmo seduti.; *2. a.* Portando l'ombrello non vi sareste bagnati / *b.* Se aveste portato l'ombrello non vi sareste bagnati.; *3. a.* Aprendo la finestra non sentireste caldo / *b.* Se apriste la finestra non sentireste caldo; *4. a.* Ascoltando con attenzione avresti capito / *b.* Se avessi ascoltato con attenzione avresti capito.; *5. a.* Andando in macchina arriverei prima / *b.* Se andassi in macchina arriverei prima.; *6. a.* Avendo tempo ti avrei telefonato / *b.* Se avessi avuto tempo ti avrei telefonato.

**3.** *1.* Dirò /sarà; *2.* Andrò; *3.* Farai; *4.* Potrò; *5.* Avrai; *6.* Suonerà; *7.* Arriveranno / avranno/ saranno; *8.* Sarà /dovrò; *9.* Verrà; *10.* Farò.

# LUIGI PIRANDELLO - Il fu Mattia Pascal (I)

- **Dentro al testo**

**1.** *1.*V; *2.* V; *3.*V; *4.* F

**2.** *1.* Al sig. Paleari; *2.* A Roma; *3.* A Roma; *4.* Roma; *5.* Di questa vita meschina che si ostina...; *6.* A Roma; *7.* Ad Adriano Meis / l'acquasantiera; *8.* Ad Adriano Meis; *9.* Dell'acquasantiera; *10.* Di Roma; *11.* Di Roma; *12.* A Roma; *13.* Questa miserrima vita nostra; *14.* A noi, abitanti di Roma.

**3.** *1.* All'improvviso; *2.* Scotendo; *3.* Costernato; *4.* Vano; *6.* Frantumato; *7.* Maestoso; *7.* Scuotervi; *8.* Miserrima.

- **Fuori dal testo**

**1.** *1.* g; *2.* l; *3.* e; *4.* b; *5.* i; *6.* a; *7.* h; *8.* f; *9.* d; *10.* c.
**2.** *1.* Ne; *2.* Ci; *3.* Ne; *4.* Ne /ne; *5.* Ci; *6.* Ci; *7.* Ci; *8.* Ci; *9.* Ci; *10.* Ne / ci.
**3.** *1.* Sia andato/a; *2.* Sia; *3.* Sia venuta; *4.* Possiate.
**4.** *1.* Zuccheriera; *2.* Saliera; *3.* Pepiera; *4.* Portapenne; *5.* Fruttiera; *6.* Portaombrelli; *7.* Insalatiera; *8.* Portamonete; *9.* Portachiavi; *10.* Formaggiera; *11.* Portasapone.

# LA CITTÀ DIFFICILE

Fai il punto e vai avanti! *1.* C; *2.* F; *3.* B; *4.* I; *5.* A; *6.* D; *7.* E; *8.* H; *9.* G

# LA CITTÀ SULLO SFONDO

## ELENA GIANINI BELOTTI - Pimpì Oselì

• **Dentro al testo**

1. *1.* V; *2.* V; *3.* F; *4.* F
2. *1.* I bambini / i figli; *2.* Al papà; *3.* Al papà; *4.* I bambini / i figli; *5.* Le canzoni;
   *6.* Il papà
3. *1.* Prendevano; *2.* Andavano; *3.* Suonava; *4.* Stavano; *5.* Batteva; *6.* C'era; *7.* Suonava;
   *8.* Facevano; *9.* Erano; *10.* Sedevano; *11.* Restavano; *12.* Muovevano;
   *13.* Inclinavano; *14.* Scrollavano; *15.* Impennavano.
4. *1.* San Pietro; *2.* Terrazza; *3.* Pincio; *4.* Piazza; *5.* Statue; *6.* Guardie; *7.* Messa;
   *8.* Scaletta; *9.* Cupola; *10.* Nota.

• **Fuori dal testo**

1. *1.* Archetto; *2.* Muscoli; *3.* Aereo; *4.* Ballerina.
2. *1.* L'autobus sul quale /su cui siamo saliti era affollato; *2.* Il bar nel quale / in cui
   siamo entrati era molto piccolo; *3.* Il gelato che abbiamo mangiato era molto buono;
   *4.* Il vigile al quale / a cui abbiamo chiesto un'informazione è stato molto gentile; *5.*
   Le canzoni che abbiamo ascoltato erano molto belle; *6.* Il libro che mi hanno
   regalato era molto interessante; *7.* La ragazza della quale /di cui mi hai parlato è
   partita ieri; *8.* L'uomo che ti ha risposto quando hai telefonato è mio padre; *9.* Il
   negozio nel quale / in cui hai comprato un paio di scarpe è il più economico della
   zona; *10.* Il bambino che il dottore ha visitato ha la febbre.
3. *1.* Eccitante; *2.* Calmante; *3.* Avvincente; *4.* Inebriante; *5.* Ricostituente; *6.* Rimanente;
   *7.* Ingombrante; *8.* Ricevente; *9.* Digerente; *10.* Stancante; *11.* Opprimente;
   *12.* Elettrizzante; *13.* Avvilente.
4. *1.* Ricostituente; *2.* Digerente; *3.* Stancante; *4.* Ingombranti; *5.* Interessante;
   *6.* Eccitante; *7.* Elettrizzante; *8.* Inebriante; *9.* Avvilente; *10.* Calmante;
   *11.* Ricevente; *12.* Opprimenti; *13.* Rimanenti.

## ENZO SICILIANO - Campo de' Fiori

• **Dentro al testo**

1. *1.* F; *2.* V; *3.* V; *4.* F; *5.* F; *6.* V

2. un patrimonio inestimabile; una luce irreale; delle bandiere rosse; a passo svelto; le pupille miopi; il destino individuale
3. *a.* Fosse; *b.* Avesse detto; *c.* Fosse; *d.* Volesse; *e.* Camminasse; *f.* Ci fossero
4. *1.* Di Pasolini; *2.* Di Pasolini; *3.* Di Enzo Siciliano; *4.* Elsa Morante; *5.* Di Enzo Siciliano; *6.* A Elsa Morante; *7.* A Elsa Morante; *8.* A Elsa Morante; *9.* A Enzo Siciliano; *10.* Il funerale di Pasolini; *11.* Campo de' fiori; *12.* La morte di Pasolini; *13.* Del vortice; *14.* Il ragazzo che aveva ucciso Pasolini; *15.* Del ragazzo che aveva ucciso Pasolini.
5. *1.* Bara; *2.* Brandelli; *3.* Gremiva; *4.* Inestimabile; *5.* Collettivo.

• **Fuori dal testo**

1. *1.* Di ricordi di Pasolini Siciliano ne ha tanti.; *2.* Di persone ce n'erano tante nella piazza quel giorno.; *3.* Di luce ce n'era poca quel pomeriggio.; *4.* Di commozione ce n'era tanta.
2. *1.* Sospetto; *2.* Rispetto; *3.* Premura; *4.* Dispetto; *5.* Vanità; *5.* Freddo; *7.* Caldo; *8.* Invidia; *9.* Pensiero.
3. *1.* Freddo; *2.* Sicuro; *3.* Leggero; *4.* Amaro; *5.* Tenero; *6.* Riservato; *7.* Timido; *8.* Stanco.
4. *1.* Che; *2.* Che; *3.* Chi; *4.* Che; *5.* Chi; *6.* Chi /che; *7.* Chi; *8.* Che; *9.* Chi; *10.* Che.

# ELSA MORANTE - La Storia (II)

• **Dentro al testo**

1. *1.* a; *2.* a; *3.* b; *4.* a
2. *1.* Ida; *2.* Bella; *3.* Diversamente; *4.* I due; *5.* Casa; *6.* Quartiere; *7.* "Nino"; *8.* Lui; *9.* Fratello
3. *1.* Ida; *2.* Useppe; *3.* Lo squillo del telefono; *4.* Bella; *5.* Useppe e Bella; *6.* Di Useppe e Bella; *7.* Bella; *8.* Useppe; *9.* Useppe; *10.* Il fatto che "non erano pochi i Nini e Ninetti viventi nel quartiere".
4. *1.* Del tutto; *2.* Balzi; *3.* Riconduceva; *4.* Si arrestavano; *5.* Medesimo.

• **Fuori dal testo**

1. *1.* I due uscivano dopo una telefonata con la quale / con cui Ida controllava che stessero bene.; *2.* Forse alcune persone ricordano ancora quella strana coppia che passeggiava lungo le vie...; *3.* Useppe, che sentiva urlare il nome "Nino", cercava il fratello ormai morto.; *4.* Useppe sapeva che c'erano molti Nini e Ninetti nel quartiere.

**2.** *1.* SICCOME ero in ritardo, ho telefonato per avvertire./ Ero in ritardo, ALLORA ho telefonato per avvertire; *2.* POICHÉ sentivo freddo, ho infilato il maglione. / Sentivo freddo, QUINDI ho infilato il maglione.; *3.* DATO CHE avevo la febbre, ho chiamato il medico. / Ho chiamato il medico PERCHÉ avevo la febbre.;
*4.* SICCOME avevamo ospiti, non siamo usciti./ Avevamo ospiti PERCIÒ non siamo usciti.; *5.* VISTO CHE ti piace viaggiare, vienimi a trovare in America! / Ti piace viaggiare, ALLORA vienimi a trovare in America!

**3.** *1. a.* Cercandola, si chiese... / *b.* Nel cercarla, si chiese...; *2. a.* Sentendolo parlare, lo riconobbero. / *b.* Nel sentirlo parlare, lo riconobbero.; *3. a.* Sentendola suonare, correva... / *b.* Al sentirla suonare, correva...; *4. a.* Parlandogli, capì che... / *b.* Nel parlargli, capì che...; *5. a.* Aiutandola ad attraversare la strada, ... / *b.* Nell'aiutarla ad attraversare la strada,...; *6. a.* Aspettandoli, fumava una sigaretta. / *b.* Nell'aspettarli, fumava una sigaretta.; *7. a.* Accompagnandola, ho assistito ad un incidente. / *b.* Nell'accompagnarla, ho assistito...

**4.** *1.* faccia / funzionino; *2.* rispondessi / mi preoccupassi; *3.* ti sbrighi; *4.* avessimo / consegnassimo; *5.* studiassi / passassi; *6.* dica / si concluda; *7.* fossero / si mettesse; *8.* andiate / si risolva.

IL "TESTACCIO"
*1.* Artificiale; *2.* Anfore; *3.* Periodo; *4.* Lavori; *5.* Anni; *6.* Quartiere.


# NATALIA GINZBURG - Lui ed io

## • Dentro al testo

**1.** *Lui ama:* il teatro, la pittura, la musica, i musei, le biblioteche, i viaggi, le città straniere e sconosciute, i ristoranti, le tagliatelle, l'abbacchio, le ciliege, il vino rosso. *Lei ama:* la poesia, il minestrone.

**2.** Vedi il testo.

**3.** Lui era bello, magro, esile; aveva i baffi; indossava camicie scozzesi, di flanella, eleganti. Lei era carica di esperienza e d'errori, si sentiva già molto vecchia.
I due, quel giorno, hanno passeggiato / passeggiarono per via Nazionale, hanno conversato /conversarono gentilmente; hanno parlato / parlarono un po' di tutto, e di nulla.

**4.** *1.* Necessità; *2.* Mi canzona; *3.* Mestieri; *4.* Carica; *5.* Urbanamente; *6.* Congedarsi.


## • Fuori dal testo

**1.** *1.* Piccolo; *2.* Piacevole; *3.* Conosciuto; *4.* Calma / quieta / tranquilla; *5.* Silenziosa; *6.* Ordinata; *7.* Semplici; *8.* Ingiusto; *9.* Illegittimo.

**2.** *1.* Quando siamo soli non fa che ricordarmi sempre quanto sono stata ingenua...;

2. Non fa che sgridarmi per ogni minima distrazione; *3.* A casa non fa che urlare e sbraitare; *4.* Da quando si è lasciata col ragazzo non fa che piangere; *5.* È un po' depresso: non fa che dormire.

**3.** *1.* ... ora sarei un avvocato famoso.; *2.* ... avrei girato tutto il mondo.; *3.* ... ora sarei felice.; *4.* ... ora non saremmo nei guai.; *5.* ... ti avrei telefonato.; *6.* ... avresti conosciuto il mio ragazzo: mi ha accompagnato lui.


## CARLO CASSOLA - La casa di via Valadier


### • Dentro al testo

**1.** *1.* V; *2.* F; *3.* F; *4.* F; *5.* V; *6.* F; *7.* V; *8.* F; *9.* V
**2.** LEONARDO: capelli bianchi, occhiaie, naso aquilino
BARISTA: indolente, grasso, menefreghista
RAGAZZO: mani grosse, capelli neri irti, rosso in faccia
**3.** *1.* Si rase; *2.* Di fianco; *3.* Con mal garbo; *4.* Prestava orecchio; *5.* Recarsi;
*6.* Scansarsi; *7.* Avvedersene.
**4.** *1.* Andò; *2.* Mangiava ... ascoltava... si guardava; *3.* Decise; *4.* Arrivò/giunse;
*5.* Osservò; *6.* Arrivò/giunse... si fermò.


### • Fuori dal testo

**1.** *1.* Caraffa; *2.* Fruttiera; *3.* Coltello; *4.* Bicchiere; *5.* Forchetta; *6.* Tazzina;
*7.* Tovagliolo; *8.* Piattino; *9.* Tovaglia. *Soluzione:* CUCCHIAIO
**2.** *1.* Una mezza idea; *2.* Una mezza cartuccia; *3.* Una mezza parola; *4.* Mettere in mezzo; *5.* In mezzo ai guai; *6.* Andarci di mezzo.
**3.** *1.* d; *2.* g; *3.* a; *4.* h; *5.* c; *6.* f; *7.* e; *8.* b.


## ENNIO FLAIANO - Un marziano a Roma


### • Dentro al testo

**1.** *1.* V; *2.* F; *3.* V; *4.* F
**2.** *1.* Alto; *2.* Nobile; *3.* Malinconico; *4.* Comunemente; *5.* Svedese; *6.* Italiano;
*7.* semplici; *8.* Compitissime; *9.* Pacifici.
**3.** *a.* Si chiami; *b.* Sia; *c.* Abbia; *d.* Vesta; *e.* Parli; *f.* Abbia; *g.* Rimarrà.
**4.** *1.* Di Kunt; *2.* A piazza Fiume; *3.* Di Flaiano; *4.* A Flaiano; *5.* A noi; *6.* Che "Kunt è

ambasciatore di un altro pianeta dove tutto si conosce del nostro"; *7.* Kunt; *8.* A Kunt; *9.* Kunt; *10.* Il bambino; *11.* Dal fatto che Kunt abbia tante caratteristiche positive; *12.* Spiegazioni; *13.* A Kunt; *14.* Di Kunt; *14.* Di Kunt.

**5.** *1.* Aeronave; *2.* Interamente; *3.* Mescolarmi; *4.* Sbracato; *5.* Al suolo; *6.* Apparirà; *7.* Sciocco; *8.* Mutare; *9.* Concezione; *10.* Capannelli; *11.* Maniere; *12.* Compitissime; *13.* Finemente; *14.* Si tratterrà; *15.* Benché.

- ### Fuori dal testo

**1.** *1.* Il marziano è molto educato, benché non parli molto; *2.* La gente è molto contenta, benché non sappia nulla del marziano; *3.* Il marziano sorrideva, benché fosse stanco; *4.* Il marziano era stanco, benché il viaggio da Marte alla Terra duri solo tre giorni.

**2.** *1.* Il fatto che sia stressata dimostra/vuol dire/significa che ha lavorato troppo; *2.* Il fatto che faccia amicizia con tutti dimostra/vuol dire/significa che è simpatico; *3.* Il fatto che abbia le occhiaie dimostra/vuol dire/significa che è andato a letto tardi stanotte; *4.* Il fatto che viaggi molto spesso dimostra/vuol dire/significa che ha molti soldi; *5.* Il fatto che dica sempre la verità dimostra/vuol dire/significa che è sincero; *6.* Il fatto che impari molto velocemente dimostra/vuol dire/significa che è un ragazzo intelligente; *7.* Il fatto che mi chieda sempre consigli dimostra/vuol dire/significa che si fida del mio giudizio; *8.* Il fatto che mi abbia chiesto scusa dimostra/vuol dire/significa che si è pentito per quello che ha fatto.

**3.** Un giorno, ecc. autunnale / invernale / primaverile / estivo/a. Una passeggiata, ecc. mattutina / pomeridiana / serale / notturna.

## LUIGI PIRANDELLO - Il fu Mattia Pascal (II)

- ### Dentro al testo

**1.** *1.* F; *2.* V; *3.* F; *4.* V

**2.** *1.* La ragione vera; *2.* Una cameretta decente; *3.* Adriana; *4.* Al padre; *5.* Adriana; *6.* Accanto al vecchio ponte di Ripetta.

**3.** *a.* Statura: piccola piccola; Capelli: biondi; Viso: pallida, volto dolce e mesto; Occhi: cerulei, dolci e mesti. *b.* "una vocina tenera tenera che… esprimeva la mitezza dell'indole" (rr. 28-29); "parlando pianissimo e sfuggendo di guardarmi" (r. 38)

**4.** Le alture verdi / la camera mobiliata / le finestre ampie / la statua equestre

**5.** *1.* Cameretta; *2.* Targhette; *3.* Momentino; *4.* Signorinetta; *5.* Vocina; *6.* Barbone; *7.* Ragazzetta; *8.* Piccolina; *9.* Fontanone. Gli accrescitivi sono: barbone / fontanone.

- **Fuori dal testo**

1. *1.* Roma la scelsi perché mi piaceva; *2.* La camera la trovai in Via Ripetta; *3.* La ragazza la guardai bene; *4.* Il panorama lo apprezzai molto; *5.* La stanza l'affittai subito.
2. *1.* Simpatia; *2.* Gentilezza; *3.* Timido; *4.* Modestia; *5.* Ipocrisia; *6.* Ottimista; *7.* Mite; *8.* Egoismo; *9.* Dinamismo; *10.* Maleducato; *11.* Sensibilità; *12.* Avarizia.
3. *1.* Antipatico; *2.* Introverso; *3.* Chiuso; *4.* Bugiardo/falso/ipocrita; *5.* Sleale; *6.* Pessimista; *7.* Pigro; *8.* Presuntuoso; *9.* Insicuro; *10.* Egoista; *11.* Avaro; *12.* Insensibile; *13.* Maleducato.


# LA CITTÀ SULLO SFONDO

- **Fai il punto e vai avanti!**

1. *A.* 4; *B.* 1; *C.* 6; *D.* 2; *E.* 7; *F.* 5; *G.* 3


# GIOCHIAMO!

*1.* Piazza Navona; *2.* Piazza di Spagna; *3.* Fontana di Trevi; *4.* Pantheon; *5.* San Pietro; *6.* Castel S. Angelo; *7.* Foro Romano; *8.* Vittoriale / Campidoglio; *9.* Colosseo.

# BIOGRAFIE DEGLI AUTORI

### CORRADO ALVARO
È nato a San Luca (Reggio Calabria) nel 1895; ha studiato a Napoli ed a Roma. Dopo la prima guerra mondiale, durante la quale è stato gravemente ferito, ha iniziato l'attività letteraria e giornalistica. Ha collaborato, fra l'altro, alla stesura della rivista *900* di Bontempelli. Nel 1950 scrisse *Quasi una vita* che vinse il Premio Strega. È morto a Roma nel 1956.
Le sue opere principali sono: *L'amata alla finestra*, 1929; *Gente in Aspromonte*, 1930; *L'uomo è forte*, 1938; *L'età breve*, 1946.

### ALESSANDRO BARICCO
È nato a Torino nel 1958. Ha esordito come critico musicale del quotidiano *La Repubblica*. Ha collaborato ad alcune trasmissioni radiofoniche ed ha esordito nel 1993 in televisione come conduttore di trasmissioni sulla musica e sulla letteratura. Dopo l'esperienza televisiva, ha dato vita aTorino alla scuola di scrittura "Holden", dedicata alle tecniche narrative. Ha pubblicato *Castelli di rabbia* (1991), *Oceano mare* (1993), un monologo teatrale: *Novecento* (1994), una raccolta di articoli: *Barnum, cronache dal grande show* (1995) e un saggio sui rapporti tra musica colta e modernità, *L'anima di Hegel e le mucche del Wisconsin*, 1992, il romanzo *Seta*, 1996 e *City*, 1999.

### ENZO BIAGI
Nato nel 1920 a Lizzano in Belvedere (Bologna), ha iniziato giovanissimo a Bologna la carriera giornalistica ed è stato direttore di quotidiani e di periodici oltre che conduttore di trasmissioni televisive. È stato inviato speciale in tutto il mondo ed ha pubblicato numerosi libri tratti dalle sue esperienze. Nel 1979 gli è stato assegnato il Premio Saint Vincent per le sue numerose attività. Tra le sue pubblicazioni di maggior successo ricordiamo *Un anno di vita* (1992), *La disfatta* (1993), *L'albero dai fiori bianchi* (1994), *Gli Americani* e *Mille camere*.

### CARLO CASSOLA
È nato a Roma nel 1917. Dopo l'armistizio dell'8 settembre 1943, ha aderito al movimento partigiano e ha combattuto nella guerra di liberazione; trasferitosi in seguito in Toscana, ha insegnato Storia e Filosofia in un liceo di Grosseto. Nelle sue opere più famose (*La casa di via Valadier*, 1956; *Il taglio del bosco*, 1959; *La ragazza di Bube*, 1960, con il quale ha vinto il Premio Strega; *Il cacciatore*, 1964) è riuscito a descrivere la vita semplice della campagna toscana e gli episodi della guerra partigiana, cercando di sottolinearne i contrasti e le contraddizioni. Gli ultimi anni della sua vita sono stati caratterizzati da un forte impegno antimilitarista. È morto a Montecarlo di Lucca nel 1987.

## FEDERICO FELLINI

È nato a Rimini nel 1920 da una famiglia modesta. Dopo aver conseguito la licenza liceale, ha frequentato a Firenze la facoltà di Giurisprudenza. Nel 1939 si è trasferito a Roma, dove, dopo essere riuscito a sfuggire al servizio militare, ha iniziato a lavorare nel mondo del cinema. Ha collaborato con Roberto Rossellini, Pietro Germi e Alberto Lattuada. Nel 1943 ha sposato l'attrice Giulietta Masina, che aveva interpretato alla radio alcune sue scenette. Nel 1953, con il film *I vitelloni*, ha vinto il suo primo premio importante, cui seguiranno 4 Oscar per i film: *La strada*, *Le notti di Cabiria*, *Otto e mezzo* e *Amarcord*. Nel 1960, con *La dolce vita*, ha ricevuto la Palma d'Oro al Festival di Cannes. È morto a Roma nel 1993, dopo aver ricevuto un quinto Premio Oscar alla carriera. Poco dopo è morta anche Giulietta Masina, tenera interprete della maggior parte delle figure femminili dei film del marito.

## ENNIO FLAIANO

È nato a Pescara nel 1910. Ha frequentato la facoltà di Architettura a Roma e si è dedicato al giornalismo e alla critica cinematografica e teatrale. Nel 1947 ha vinto il Premio Strega con il suo primo romanzo *Tempo di uccidere*. Successivamente ha collaborato con i maggiori registi italiani (Fellini, Blasetti, Emmer, Antonioni, Monicelli, Petri, Ferreri) scrivendo soggetti e sceneggiature. Nel '56 ha pubblicato *Diario Notturno* e nel '59 i racconti di *Una e una notte*. Nel 1971 ha pubblicato *Un marziano a Roma ed altre farse*, volume che raccogliava la sua opera teatrale, e nel '72 *Le ombre bianche*. È morto a Roma nel 1972. Scritti come *La solitudine del satiro*, *Autobiografia del blu di Prussia*, *Diario degli errori*, *Lo spettatore addormentato* ed altri sono stati pubblicati postumi negli anni tra il 1973 e il 1983.

## ELENA GIANINI BELOTTI

È nata a Roma. Dal 1960 al 1980 ha diretto il Centro Nascita Montessori, ed ha insegnato per anni in un istituto professionale di assistenti all'infanzia. I suoi interessi principali sono sempre stati la psicologia dei bambini ed il loro sviluppo in rapporto al tipo di educazione ricevuta. Scrive per numerosi quotidiani e settimanali.
Tra le opere più note, *Dalla parte delle bambine*, pubblicato nel 1973.

## NATALIA GINZBURG

È nata a Palermo nel 1916, ma la sua famiglia era originaria di Trieste. Nel 1938 ha sposato Leone Ginzburg, un noto slavista esponente dell'antifascismo, dal quale ha avuto due figli. Dopo la morte del marito, avvenuta in carcere nel 1944, la scrittrice ha vissuto tra Roma e Firenze, per poi stabilirsi nel 1952 a Torino, dove è stata assunta dalla casa editrice Einaudi. Nel 1950 ha sposato l'anglista Giuseppe Baldini ed ha iniziato a dedicarsi con maggior impegno al lavoro di scrittrice. Dopo *Valentino*, 1957, *Le piccole virtù*, 1962 e *Le voci della sera*, 1961, nel 1963 viene pubblicato *Lessico famigliare*, che ha meritato il Premio Strega. In queste opere, come in quelle

successive (*Ti ho sposato per allegria*, 1966, *Caro Michele*, 1973, *Serena Cruz o la vera giustizia*, 1990, ecc.), attraverso la descrizione di piccoli episodi familiari, è sempre vivo l'impegno sociale e civile, che si è concretizzato nel 1983 con l'elezione della Ginzburg alla Camera dei Deputati come indipendente presentata dal Partito Comunista Italiano. È morta a Roma nel 1991.

## MARCO LODOLI
È nato a Roma nel 1956. Le sue opere più conosciute sono: *Diario di un millennio che fugge* (1986), *Snack Bar Budapest* (con Sivia Bré, 1987), un volume di poesie dal titolo *Ponte Milvio* (1988), *Il grande raccordo* (1989), *I fannulloni* (1990), *Crampi* (1992), *Grande Circo Invalido* (1993), i racconti *Cani e lupi* (1995) e i romanzi *Il vento* (1996) e *I fiori* (1996).

## MIRIAM MAFAI
È nata a Firenze nel 1926. Nel 1938 ha abbandonato la scuola pubblica in seguito alle leggi razziali (la madre era ebrea) e ha proseguito gli studi a Genova. Nel 1943 ha aderito al Partito Comunista, occupandosi, fino al 1956, dell'organizzazione femminile del partito. In seguito si è dedicata all'attività giornalistica, scrivendo per diversi quotidiani, tra cui *La Repubblica*, di cui è stata tra i fondatori. Dal 1983 al 1987 è stata Presidente della Federazione Nazionale della Stampa, il sindacato dei giornalisti italiani. Nel 1994 è stata eletta alla Camera dei Deputati nelle liste del Pds. Il suo libro di maggior successo è *Pane nero, donne e vita quotidiana nella seconda guerra mondiale* (1987). È autrice, inoltre, di alcuni saggi storico-politici.

## ELSA MORANTE
È nata a Roma nel 1912. Si è fatta conoscere in tutto il mondo con un romanzo tra il fantastico ed il reale, *Menzogna e sortilegio*, 1948. Nelle sue opere più famose (*L'isola di Arturo*, 1957, *Il mondo salvato dai ragazzini*, 1968, *La Storia*, 1974), ha analizzato il mondo dell'infanzia ed il crollo dei suoi miti al contatto con la realtà e con la società degli adulti. Nel 1984, con *Ara Coeli*, pubblicato nel 1984, riceve il premio francese Médicis per la migliore opera straniera. Compagna di Moravia ed amica di Pasolini, Siciliano, Dacia Maraini, è morta a Roma nel 1985.

## ALBERTO MORAVIA
È nato a Roma nel 1907. Il suo vero nome è Alberto Pincherle Moravia ed è forse uno degli autori italiani contemporanei più conosciuti all'estero. Ha scritto la sua prima opera, *Gli indifferenti*, nel 1929, quando aveva poco più di 20 anni. In questo romanzo, così come in quelli successivi, ha affrontato la crisi di valori e di vitalità della borghesia di questo secolo. I suoi personaggi sono stanchi e privi di scatti e di energia e trascorrono la loro vita in modo passivo e dimesso. Dopo la seconda guerra mondiale ha scritto per *Il Corriere della Sera* e per *l'Espresso*. Nel 1953 ha fondato,

con Carocci, la rivista letteraria *Nuovi Argomenti*, alla quale collaborò anche P.P. Pasolini. È stato inoltre eletto deputato al Parlamento Europeo. Tra le altre opere ricordiamo *Ambizioni sbagliate*, 1935, *Agostino*, 1943, *La romana*, 1947, *La disubbidienza*, 1948, *Il conformista*, 1951, *Racconti romani*, 1954, *La ciociara*, 1957, *La noia*, 1960, e *La vita interiore*, 1978. È morto a Roma nel 1990.

## PIER PAOLO PASOLINI

È nato a Bologna nel 1922. Ha trascorso l'infanzia e l'adolescenza in Friuli; tornato a Bologna si è laureato con una tesi su Giovanni Pascoli. Nel 1949, dopo un nuovo periodo a Casarsa, si è trasferito a Roma. Ha trascorso alcuni anni nelle borgate romane, e solo dopo un periodo difficile è riuscito a trovare un impiego come insegnante. Nel 1954 è stata pubblicata la raccolta di poesie *La meglio gioventù* e nel 1955 il romanzo *Ragazzi di vita*. Da quel momento è diventato uno degli intellettuali più attivi e critici del panorama culturale italiano. Nel 1957 ha pubblicato la raccolta di poesie *Le ceneri di Gramsci*. Nei suoi romanzi (seguirà presto *Una vita violenta*, 1959), negli articoli pubblicati su famosi quotidiani e sulle riviste *Officina* e *Nuovi Argomenti*, così come nei suoi film ha analizzato la società degli anni '60 cogliendone i difetti e le contraddizioni ed indicando senza paura i responsabili in ambito politico e sociale. Il 2 novembre 1975 il suo corpo senza vita è stato trovato presso Fiumicino, nelle vicinanze di Roma. Ancora oggi la sua morte è coperta da un velo oscuro e, nonostante un giovane sia stato accusato del delitto, i suoi possibili complici non sono mai stati arrestati.

## LUIGI PIRANDELLO

Tra gli autori più interessanti della storia letteraria italiana, Luigi Pirandello è nato a Girgenti (oggi Agrigento) nel 1867, si è laureato in Germania ed ha lavorato quasi sempre a Roma. Tra il 1901 ed il 1915 ha scritto la maggior parte dei suoi romanzi, tra i quali *Il fu Mattia Pascal* e *I vecchi e i giovani*, e molti racconti raccolti in seguito nei volumi *Novelle per un anno*. Dopo il 1915 il suo interesse principale è diventato il teatro e tra le molte opere vanno ricordate *Così è (se vi pare)*, *Il gioco delle parti*, *Sei personaggi in cerca d'autore* ed *Enrico IV*. Nel 1934 ha ricevuto il Premio Nobel per la letteratura. Alla base del suo pensiero sono l'inesistenza di una realtà oggettiva valida per tutti gli uomini, la scissione tra apparenza e realtà e la crisi dell'uomo moderno, sperduto e privo di forza in un mondo contraddittorio dove comunicare è difficile. Dopo aver dedicato gli ultimi venti anni della sua vita quasi esclusivamente al teatro, è morto a Roma nel 1936.

## CLARA SERENI

È nata a Roma nel 1946. Ha pubblicato *Sigma Epsilon*, 1974, *Casalinghitudine*, 1987, *Manicomio primavera*, 1989, *Il gioco dei Regni*, 1993, la raccolta di racconti *Eppure*, 1995, *Il taccuino di un ottimista*, 1998. Ha preso parte alla stesura dei

volumi collettivi *Mi riguarda* e *Si può*. Ha collaborato come editorialista presso il quotidiano *L'Unità*.

## MICHELE SERRA

È nato a Roma nel 1954. Ha diretto *Cuore*, settimanale satirico della Sinistra. Ha scritto per *l'Unità* ed è editorialista de *La Repubblica*. Ha pubblicato *Tutti al mare* (1986), *Il nuovo che avanza* (1989), *44 falsi* (1991), *Poetastro* (1993), *Il ragazzo mucca* (1997).

## ENZO SICILIANO

È nato a Roma nel 1934. È critico letterario e docente di letteratura italiana presso l'Università di Roma "La Sapienza". Ha collaborato a molte riviste letterarie e pubblicato l'antologia critica di *Solaria* (1958), *Racconti ambigui* (1963) ed inoltre le raccolte *Prima della poesia* (1965), *Autobiografia letteraria* (1970). Amico personale di Moravia, ha curato la raccolta e sistemazione dei suoi scritti dopo la sua morte. Ha dedicato alla memoria di Pasolini il romanzo *Campo dé Fiori*, 1993. Nel 1998 ha vinto il Premio Strega con *I bei momenti*, pubblicato nel 1997.

## DOMENICO STARNONE

È nato a Napoli nel 1943. È autore di racconti e romanzi, alcuni dei quali, come *Ex-cattedra*, 1989 e *Solo se interrogato*, 1995, sono ambientati nel mondo della scuola e ne rendono uno spaccato realistico. Ha scritto inoltre *Segni d'oro*, 1990, *Il salto con le aste*, 1991, *Fuori registro*, 1991, *Eccesso di zelo*, 1993, *Denti*, 1994 e *Via Gemito*, 2000.

## SUSANNA TAMARO

È nata a Trieste nel 1957. Ha frequentato a Roma il Centro Sperimentale di Cinematografia, diplomandosi in regia. Ha lavorato a lungo per la televisione realizzando documentari scientifici. Nel 1988 è stato pubblicato il suo primo romanzo: *La testa tra le nuvole*, nel 1990 il volume di racconti *Per voce sola*, nel 1994 il suo romanzo di maggior successo, *Va' dove ti porta il cuore*. Ha scritto inoltre libri per bambini: *Cuore di ciccia* (1992), *Papirofobia* (1994), *Il cerchio magico* (1994). È del 1996 il libro intervista dal titolo *Il respiro quieto*. *Anima mundi* è del 1997.

## PIER VITTORIO TONDELLI

È nato a Correggio (Reggio Emilia) nel 1955. Il suo primo libro, pubblicato nel 1980 è *Altri libertini*, seguito dai romanzi *Pao Pao* (1982) e *Rimini* (1985). Nel 1986 ha pubblicato *Biglietti agli amici* e ha partecipato, in qualità di curatore, alla pubblicazione dei volumi antologici del "Progetto Under 25" dedicato alla scrittura giovanile. Del 1989 è il romanzo *Camere separate* e del 1990 le "Cronache degli anni Ottanta", *Un weekend postmoderno*. È morto nel 1991.

# FONTI

**Alessandro Baricco**, "La Cappella Sistina, ascoltando Tom Waits", in *Barnum. Cronache dal grande show*, Feltrinelli, 1995

**Enzo Biagi**, "Roma", in *"I" come italiani*, Nuova Eri, Roma / RCS Rizzoli Libri, 1993

**Domenico Starnone**, *Eccesso di zelo*, Feltrinelli, 1993

**Michele Serra**, "Ostia", in *Tutti al mare*, Milano libri, 1986, Feltrinelli, 1990

**Pier Vittorio Tondelli**, *PAO PAO*, Feltrinelli, 1982

**Federico Fellini**, *Fare un film*, Einaudi, 1980

**Corrado Alvaro**, *Roma vestita di nuovo*, Bompiani, 1957

**Clara Sereni**, *Il gioco dei regni*, Giunti, 1993

**Miriam Mafai**, *Pane nero. Donne e vita quotidiana nella seconda guerra mondiale*, Mondadori, 1987

**Elsa Morante**, *La Storia*, Einaudi, 1974

**Pier Paolo Pasolini**, *Una vita violenta*, Garzanti, 1959

**Ennio Flaiano**, "Fregene" (Taccuino 1955), in *Diario Notturno*, 1956, Adelphi, 1994

**Alberto Moravia**, *Racconti romani*, Bompiani 1954

**Susanna Tamaro**, *Anima Mundi*, Baldini & Castoldi, 1997

**Marco Lodoli**, *I fannulloni*, Einaudi, 1990

**Ennio Flaiano**, *Diario degli errori*, Rizzoli, 1976

**Luigi Pirandello**, *Il fu Mattia Pascal*, apparve a puntate sulla rivista "Nuova Antologia" di Roma nel 1904; pubblicato in seguito da Treves, Bemporad e Mondadori

**Elena Gianini Belotti**, *Pimpì Oselì*, Feltrinelli, 1995

**Enzo Siciliano**, *Campo de' fiori*, Rizzoli, 1993

**Natalia Ginzburg**, "Lui ed io", ne *Le piccole virtù*, Einaudi, 1962

**Carlo Cassola**, *La casa di via Valadier*, Einaudi, 1955

**Ennio Flaiano**, "Un marziano a Roma", in *Diario Notturno*, Adelphi 1994

**Pier Paolo Pasolini**, "Roma malandrina", in *Storie della città di Dio. Racconti e cronache romane (1950-1966)*, Einaudi, 1955

# INDICE DEI LUOGHI CITATI NEI BRANI

# lapianta
## della città

Quadro 1  Quadro 2  Quadro 3
Quadro 4  Quadro 5  Quadro 6

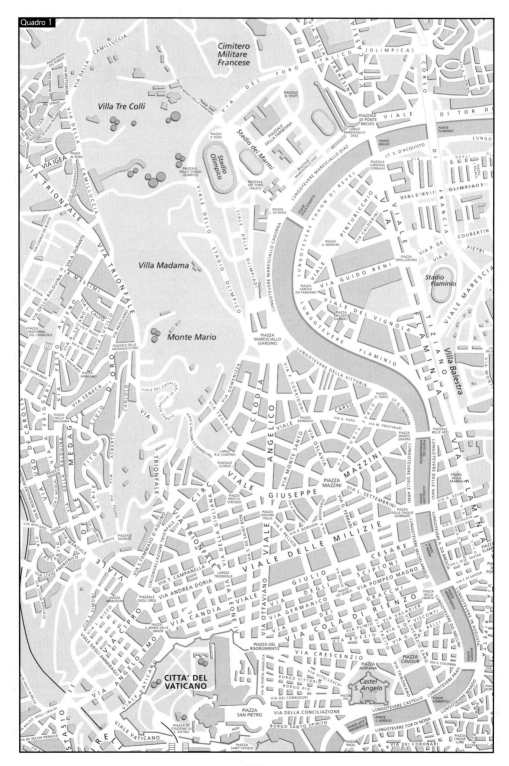

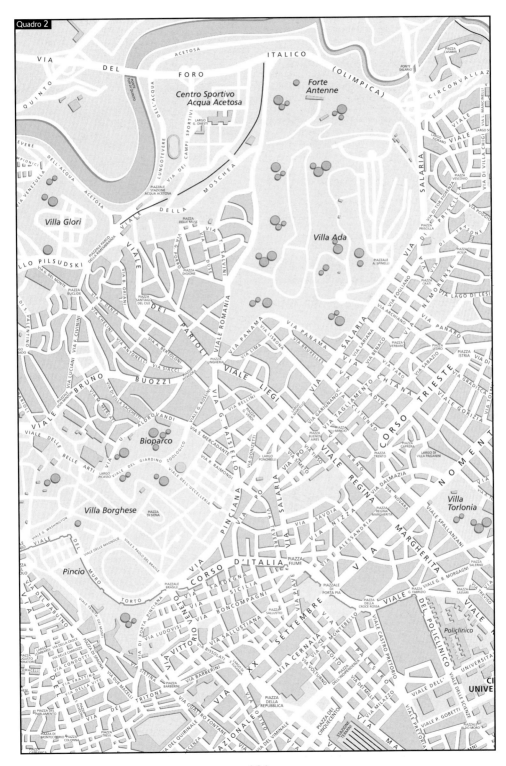

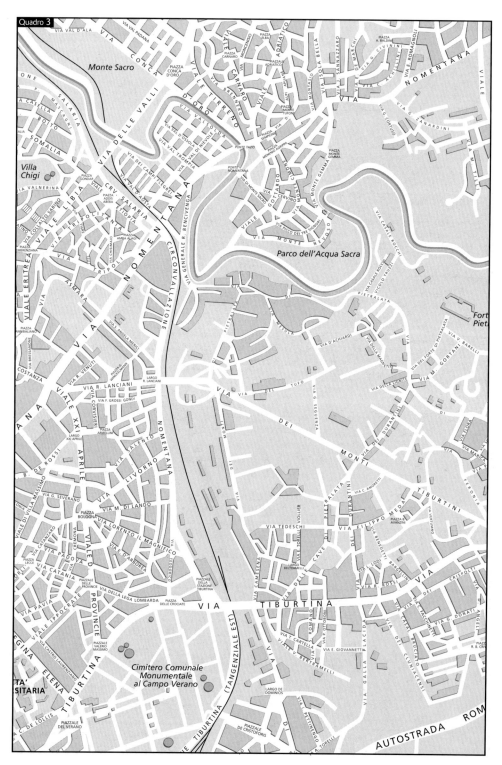

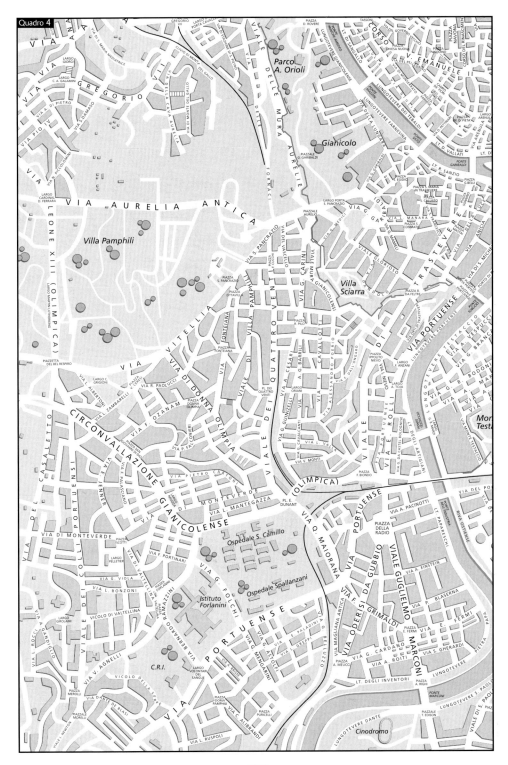

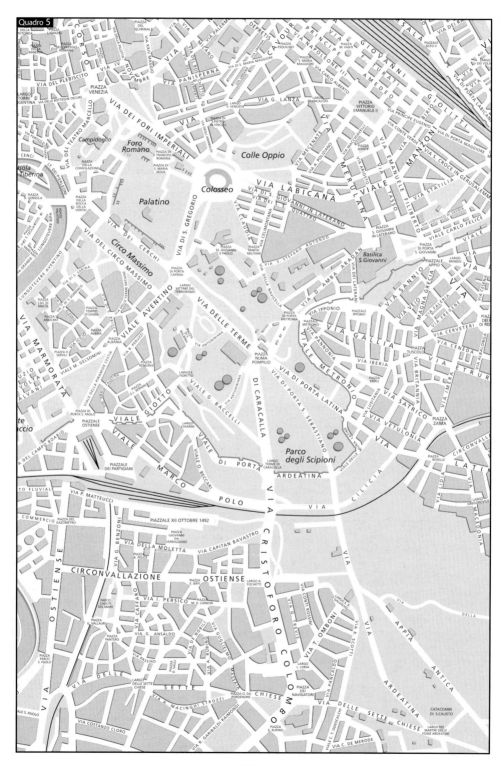

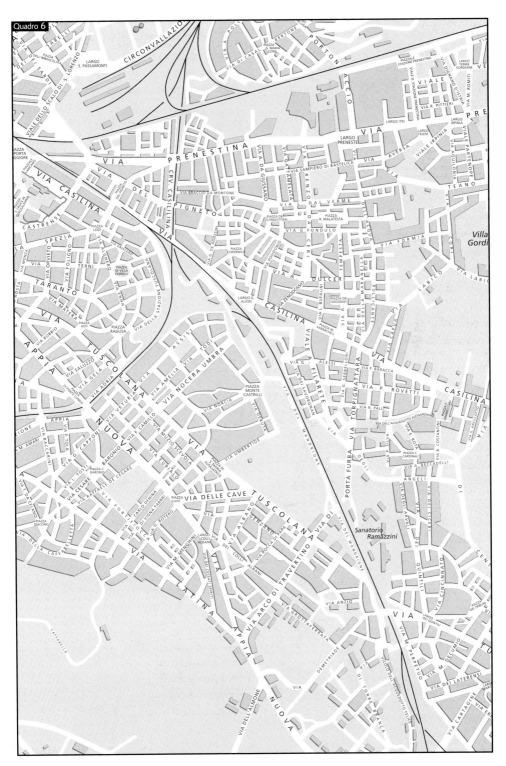

Amato
**Mondo italiano**
testi autentici sulla realtà sociale e culturale italiana
• libro dello studente
• quaderno degli esercizi

Ambroso e Stefancich
**Parole**
10 percorsi nel lessico italiano - esercizi guidati

Avitabile
**Italian for the English-speaking**

Balboni
**GrammaGiochi**
per giocare con la grammatica

Ballarin e Begotti
**Destinazione Italia**
l'italiano per operatori turistici
• manuale di lavoro
• 1 audiocassetta

Barki e Diadori
**Pro e contro**
conversare e argomentare in italiano
• **1** liv. intermedio - libro dello studente
• **2** liv. intermedio-avanzato - libro dello studente
• guida per l'insegnante

Battaglia
**Grammatica italiana per stranieri**

Battaglia
**Gramática italiana**
**para estudiantes de habla española**

Battaglia
**Leggiamo e conversiamo**
letture italiane con esercizi per la conversazione

Battaglia e Varsi
**Parole e immagini**
corso elementare di lingua italiana per principianti

Bettoni e Vicentini
**Passeggiate italiane**
lezioni di italiano - livello avanzato

Bettoni e Vicentini
**Imparare dal vivo \*\***
lezioni di italiano - livello avanzato
• manuale per l'allievo
• chiavi per gli esercizi

Buttaroni
**Letteratura al naturale**
autori italiani contemporanei
con attività di analisi linguistica

Camalich e Temperini
**Un mare di parole**
letture ed esercizi di lessico italiano

Carresi, Chiarenza e Frollano
**L'italiano all'opera**
attività linguistiche attraverso 15 arie famose

Cherubini
**L'italiano per gli affari**
corso comunicativo di lingua e cultura aziendale
• manuale di lavoro
• 1 audiocassetta

Cini
**Strategie di scrittura**
quaderno di scrittura - livello intermedio

Deon, Francini e Talamo
**Amor di Roma**
Roma nella letteratura italiana del Novecento
testi con attività di comprensione
livello intermedio-avanzato

Diadori
**Senza parole**
100 gesti degli italiani

du Bessé
**PerCORSO GUIDAto** guida di **Roma**
con attività ed esercizi di italiano

du Bessé
**PerCORSO GUIDAto** guida di **Firenze**
con attività ed esercizi di italiano

du Bessé
**PerCORSO GUIDAto** guida di **Venezia**
con attività ed esercizi di italiano

Gruppo META
**Uno**
corso comunicativo di italiano - primo livello
• libro dello studente
• libro degli esercizi e grammatica
• guida per l'insegnante
• 3 audiocassette

Gruppo META
**Due**
corso comunicativo di italiano - secondo livello
• libro dello studente
• libro degli esercizi e grammatica
• guida per l'insegnante
• 4 audiocassette

Gruppo NAVILE
**Dire, fare, capire**
l'italiano come seconda lingua
• libro dello studente
• guida per l'insegnante
• 1 audiocassetta

Humphris, Luzi Catizone, Urbani
**Comunicare meglio**
corso di italiano - livello intermedio-avanzato
• manuale per l'allievo
• manuale per l'insegnante
• 4 audiocassette

**Istruzioni per l'uso dell'italiano in classe** 1
88 suggerimenti didattici per attività comunicative

**Istruzioni per l'uso dell'italiano in classe** 2
111 suggerimenti didattici per attività comunicative

Jones e Marmini
**Comunicando s'impara**
esperienze comunicative
• libro dello studente
• libro dell'insegnante

Maffei e Spagnesi
**Ascoltami!**
22 situazioni comunicative
• manuale di lavoro
• 2 audiocassette

Marmini e Vicentini
**Passeggiate italiane**
lezioni di italiano - livello intermedio

Marmini e Vicentini
**Imparare dal vivo** *
lezioni di italiano - livello intermedio
• manuale per l'allievo
• chiavi per gli esercizi

Marmini e Vicentini
**Ascoltare dal vivo**
manuale di ascolto - livello intermedio
• quaderno dello studente
• libro dell'insegnante
• 3 audiocassette

Paganini
**ìssimo**
quaderno di scrittura - livello avanzato

Pontesilli
**I verbi italiani**
modelli di coniugazione

**Quaderno IT - n. 3**
esame per la certificazione dell'italiano come L2
livello avanzato - prove del 1998 e del 1999
• volume+audiocassetta

Radicchi
**Corso di lingua italiana**
livello elementare
• manuale di lavoro
• 1 audiocassetta

Radicchi
**Corso di lingua italiana**
livello intermedio

Radicchi
**In Italia**
modi di dire ed espressioni idiomatiche

Spagnesi
**Dizionario dell'economia e della finanza**

Stefancich
**Cose d'Italia**
tra lingua e cultura

Stefancich
**Tracce di animali**
nella lingua italiana tra lingua e cultura

Svolacchia e Kaunzner
**Suoni, accento e intonazione**
corso di ascolto e pronuncia
• manuale
• set di 5 audio CD

Totaro e Zanardi
**Quintetto italiano**
approccio tematico multimediale - livello avanzato
• libro dello studente con esercizi
• libro per l'insegnante
• 2 audiocassette
• 1 videocassetta

Ulisse
**Faccia a faccia**
attività comunicative
livello elementare-intermedio

Urbani
**Senta, scusi...**
programma di comprensione auditiva
con spunti di produzione libera orale
• manuale di lavoro
• 1 audiocassetta

Urbani
**Le forme del verbo italiano**

Verri Menzel
**La bottega dell'italiano**
antologia di scrittori italiani del Novecento

Vicentini e Zanardi
**Tanto per parlare**
materiale per la conversazione
livello medio-avanzato
• libro dello studente
• libro dell'insegnante

## Linguaggi settoriali
in collaborazione con l'Università per Stranieri di Siena

**Dica 33**
il linguaggio della medicina
• libro dello studente
• guida per l'insegnante
• 1 audiocassetta

**L'arte del costruire**
• libro dello studente
• guida per l'insegnante

**Una lingua in pretura**
il linguaggio del diritto
• libro dello studente
• guida per l'insegnante
• 1 audiocassetta

## Pubblicazioni di glottodidattica

Celentin e Dolci - **La formazione di base del docente di italiano per stranieri**

## I libri dell'Arco

1. Balboni • **Didattica dell'italiano
   a stranieri**

2. Diadori • **L'italiano televisivo**

3. Micheli • **Test d'ingresso
   di italiano per stranieri**

4. Benucci • **La grammatica
   nell'insegnamento
   dell'italiano a stranieri**

5. AA.VV. • **Curricolo d'italiano
   per stranieri**

6. Coveri et al. • **Le varietà dell'italiano**

**Bonacci editore**

## Classici italiani per stranieri
testi con parafrasi a fronte* e note

1. Leopardi • *Poesie**
2. Boccaccio • *Cinque novelle**
3. Machiavelli • *Il principe**
4. Foscolo • *Sepolcri e sonetti**
5. Pirandello • *Così è (se vi pare)*
6. D'Annunzio • *Poesie**
7. D'Annunzio • *Novelle*
8. Verga • *Novelle*
9. Pascoli • *Poesie**
10. Manzoni • *Inni, odi e cori**
11. Petrarca • *Poesie**
12. Dante • *Inferno**
13. Dante • *Purgatorio**
14. Dante • *Paradiso**
15. Goldoni • *La locandiera*
16. Svevo • *Una burla riuscita*

## Libretti d'Opera per stranieri
testi con parafrasi a fronte* e note

1. *La Traviata**
2. *Cavalleria rusticana**
3. *Rigoletto**
4. *La Bohème**
5. *Il barbiere di Siviglia**
6. *Tosca**
7. *Le nozze di Figaro*
8. *Don Giovanni*
9. *Così fan tutte*
10. *Otello**

## Letture italiane per stranieri

1. Marretta • *Pronto, commissario...? 1*
   16 racconti gialli con soluzione
   ed esercizi per la comprensione del testo

2. Marretta • *Pronto, commissario...? 2*
   16 racconti gialli con soluzione
   ed esercizi per la comprensione del testo

3. Marretta • *Elementare, commissario!*
   8 racconti gialli con soluzione
   ed esercizi per la comprensione del testo

## Mosaico italiano
racconti italiani su 4 livelli

1. Santoni • *La straniera* - liv. 2
2. Nabboli • *Una spiaggia rischiosa* - liv. 1
3. Nencini • *Giallo a Cortina* - liv. 2
4. Nencini • *Il mistero del quadro di Porta Portese* - liv. 3
5. Santoni • *Primavera a Roma* - liv. 1
6. Castellazzo • *Premio letterario* - liv. 4
7. Andres • *Due estati a Siena* - liv. 3
8. Nabboli • *Due storie* - liv. 1
9. Santoni • *Ferie pericolose* - liv. 3
10. Andres • *Margherita e gli altri* - liv. 2 e 3

**Bonacci editore**